IMAGES DE PENSÉE

En couverture :
Premier tableau généalogique des « Inughuit »
établi par Jean Malaurie (détail)
Collection particulière

© Editions de la Réunion des musées nationaux, 2011
254-256, rue de Bercy 75012 Paris

© ADAGP, 2011

ISBN : 978-2-7118-5804-0
GB 10 5804

IMAGES DE PENSÉE

MARIE-HAUDE CARAËS
NICOLE MARCHAND-ZANARTU

POSTFACE DE
JEAN LAUXEROIS

Images de pensée

Marie-Haude Caraës
Nicole Marchand-Zanartu

> « Ce qui nous paraît digne d'être aimé est toujours
> ce qui nous renverse, c'est l'inespéré, c'est l'inespérable.
> « Comme si, paradoxalement, notre essence tenait à la nostalgie
> d'atteindre ce que nous avions tenu pour impossible. »
>
> Georges Bataille, *Lascaux ou la naissance de l'art*

C'cst une île au trésor où se cacherait la mélancolie. Un territoire inventé avec son contour tremblé, ses détours, ses flèches, ses pointillés. Simple tracé sur une carte postale que le regard parcourt et reparcourt mais qui résiste à l'entendement. Une intensité traverse ces quelques traits. Le trouble s'installe. Recommençons la circulation, suivons les lignes avec l'index, elles se brouillent. Et ces mots en allemand, d'une écriture serrée, qui croisent le dessin. Finalement, on donne sa langue au chat. Retournons la carte. Au dos, une légende : « *Sexualschema*, Sigmund Freud, 1895 ». Il s'agit là du schéma sur la mélancolie, dans le « Manuscrit G » que Freud envoie à son ami berlinois le psychiatre Wilhelm Fliess, longtemps son confident. Ce n'est pas le premier schéma que dessine Freud, mais celui-ci est d'une facture différente, un condensé de deux univers pensés d'un seul coup d'œil dans l'espace. La pensée, le dessin, l'espace d'une feuille, l'immédiateté visuelle, et Freud, dessinateur d'un moment. A cette figure initiale, encore énigmatique, qui rassemble tous ces éléments, viendront se joindre d'autres figures au bout d'une longue quête dans tous les champs du savoir. Nous leur donnerons le nom d'« images de pensée[1] ».

Sur des cahiers d'écolier, des feuilles de brouillon, en marge de lettres, de manuscrits ou sur un écran, avec de l'encre, du crayon, un peu de couleur, voici des figures – schémas, dessins, plans, diagrammes, trajectoires, tracés, échelles – créées pour apprivoiser ce que le langage est impuissant à saisir : le surgissement de la pensée dans son effervescence secrète. Les images de pensée semblent n'appartenir à aucun règne, aucune époque particulière, mais elles attrapent notre regard. Elles ont en partage ce qu'Henri Focillon évoque à propos de la peinture chinoise, un mélange de « forces obscures et d'un dessein clairvoyant ». De telles images, restées jusqu'à l'heure dans l'ombre, réduites à des brouillonnements, sont pourtant la quintessence de la création et de l'invention. C'est ici que tout se passe. Le roman, le concept, le théorème, le bâtiment, l'institution – l'œuvre, en un mot – qui émerge au bout de ce travail, n'est rien que la mise en ordre de ce qui a précédé, suite de choses éparses, irrégulières, partielles, contradictoires, que l'auteur a tenté de tenir, de circonscrire, de sortir des limbes de l'esprit.

Nous comprenons vite que ce continent est immense. Partout des tentations de se perdre, des chemins de traverse par milliers. Et des eaux toujours prêtes à nous engloutir. C'est le « trois petits chats, chapeau de paille, paillasson » de l'enfance ; cette kyrielle qui nous fait sauter des siècles, parcourir des disciplines ignorées, nous conduit des liaisons les plus évidentes aux zigzags les plus fous. Passer par Primo Levi et *Le Système périodique* pour se souvenir de Dimitri Mendeleïev, passer par Mendeleïev pour trouver Sophus Lie, passer par Linné pour trouver Lamarck pour trouver Darwin, passer par Darwin pour trouver Strickland et les ornithologues anglais, grands créateurs de diagrammes au XIXe siècle, et Agassiz et Gould et l'écorce terrestre, passer par Steiner pour trouver Belyj et la terre russe, le Bauhaus pour trouver Itten, mais aussi Klee et Goethe, passer par Jarry pour trouver Duchamp pour trouver Averty... Tout un réseau de filiations secrètes, de relations inattendues, de cousinages inavoués qui se joue des époques, des continents et des disciplines. Le vertige s'installe. Nous aussi sommes tirées par des fils à notre insu.

Où commence la pensée ? Qu'inventons-nous qui aide à canaliser le bouillonnement de l'esprit ou à lutter contre son ankylose ? La plasticité du dessin offre un cadre au sein duquel tout est possible : aucune résolution, aucune conclusion n'est attendue, tout est en mouvement et souverain. Des faisceaux, des indices, une intuition sont collectés et assemblés dans une forme qui n'a aucune valeur en soi, mais qu'il est nécessaire d'exposer. Les images de pensée sont, en première instance, destinées au regard intérieur, celui de leur auteur, même si certaines vont connaître un destin public. Les hommes qui se tiennent derrière ces figures – des expérimentateurs – se désolidarisent du langage conventionnel de leur discipline. Ce qu'ils font là est tenu en marge de l'histoire des sciences ou de l'art ; pourtant, il s'agit d'un lieu stratégique, où se combattent sans fin l'intuition et la raison.

Les images de pensée ne sont ni *a priori* ni *a posteriori*, elles sont contemporaines de ce qu'elles saisissent. C'est une tentative sauvage, où il s'agit de conserver ce qui par essence est fugace et incertain. Pour autant, cet ensemble disparate exprime la pensée même : ici l'éruption de l'idée, là la tentative de calmer son agitation, ici celle d'extraire quelque chose de tangible de la confusion, ailleurs la volonté sourde de faire entrer le monde dans le fini de la figure. La liberté de cette pratique est sans commune mesure avec la linéarité et l'abstraction de l'écrit. La fulgurance du tracé alimente la construction plus lente du panoptique intime qui exige un nécessaire va-et-vient entre intérieur et extérieur, entre connu et inconnu : d'autres chemins sont ouverts, des rapprochements ou des extensions insoupçonnés apparaissent. Dans une double impulsion, l'image de pensée plonge dans les profondeurs de l'esprit pour atteindre le secret d'un monde intérieur et remonte à la surface germes informes, pensées immatures et idées balbutiantes, matériaux nécessaires à l'invention. Car cette image ne représente jamais le monde tel qu'il existe – ce n'est pas son objet –, elle entend s'attaquer à une réalité non encore advenue.

« Tout s'opère, parce qu'à force de temps tout se rencontre, et que dans la libre étendue des espaces et dans la succession continue du mouvement, toute matière est remuée, toute forme donnée, toute figure imprimée ; ainsi tout se rapproche ou s'éloigne, tout s'unit ou se fuit, tout se combine ou s'oppose, tout se produit ou se détruit par des forces relatives ou contraires, qui seules sont constantes, et se balançant sans se nuire, animent l'Univers et en font un théâtre de scènes toujours nouvelles, et d'objets sans cesse renaissants. »

Georges Louis Leclerc de Buffon, *Histoire naturelle*

Eviter de « n'avoir aucune méthode » et de « vouloir tout rapporter à un système particulier », conseillait Buffon aux naturalistes. Sage conseil. Pour ce qui est de la méthode, nous faisons tout de suite une entorse. Pour nous perdre un peu, beaucoup, éprouver notre curiosité. Jusqu'où peuvent aller l'œil et notre endurance pour débusquer ces images cachées ? Nous plongeons dans l'océan numérique avec ses îles pleines de vie, de beauté, de savoir, qui font des merveilles avec rien. Nous nous heurtons aux sites bavards qui inventent images et textes, altérant la réalité ou simples façades pour attirer le chaland. Et puis, déployée à tout va, l'envahissante infographie qui tente de plier le monde dans ses graphes. Nous apprenons à faire le deuil de tous ceux dont nous faisions le pari d'une image cachée et qui nous ont fait parcourir le monde en tous sens : de l'énigmatique mathématicien Alexander Grothendieck à l'introuvable créatrice du Théâtre de Minuit et sa carte de navigation jusqu'à Victor Erice qu'aucun message expédié de France ou de Navarre n'a su atteindre, sans parler du magicien d'animation sur écran d'épingles poursuivi dans tout le Canada. Et de Rosalind Franklin qui travailla sur le décryptage de l'ADN dans l'ombre de James Watson et Francis Crick. Une page troublante dans ses carnets scientifiques montre le chaînage de l'ADN. Nous n'aurons pas la chance de publier cette page, ouverte à tous les regards cependant. Et le supplice de penser à toutes ces figures qui sommeillent dans les lieux d'archives, les fondations, les bibliothèques, les *personal papers* qu'une vie ne suffirait pas à exhumer. Nous éprouvons aussi la grâce de ce lointain rapproché, de rencontres à distance et de celles en vrai, avec de généreux complices qui acceptent de jouer le jeu, comme ça pour la beauté du geste, sans parler des sentinelles qui se battent pour que les auteurs ne finissent pas seuls comme des soldats morts sur le champ de bataille.

Nous devions aller plus loin que la simple intuition. L'idée de système sera déterminante. La figure ne devient image de pensée qu'à condition d'être dans des exigences de relations où les signes fonctionnent entre eux. Les liens sont parfois directs, parfois ténus : au fond, il n'y a rien de plus souple ni de plus malléable que la relation qui ne se dévoile jamais totalement, procédant par indices. Image, pensée, système, la solidarité de ces trois termes sera désormais au cœur de notre recherche. Nous résistons à la tentation d'inclure certaines images et abandonnons non sans regret les belles figures de la cosmologie, de l'astronomie, de l'anatomie, de la physique ; les cartes, mappemondes et atlas de toutes époques ; les arbres de la connaissance, les généalogies, les grands classements, la taxinomie sous ses formes d'addition, d'entassement, de listes, etc. Nous éloignons aussi les mirages esthétiques, les tracés en tous genres qui ne sont que gestes ou broderies, nous écartons les images des théories systémiques, les mouvements artistiques qui utilisent le schéma comme territoire formel. Des esprits joueurs nous signalent des images sans système, des systèmes sans images, des images sans pensée et sans système.

Les images de pensée se découvrent dans tous les champs du savoir : de l'ornithologie aux mathématiques, de l'ethnologie à la danse, de la musique à la philosophie, à la littérature, au cinéma, etc. La plus ancienne image de cet ouvrage est un arbre de vie que dessina un kabbaliste à la fin du XIIᵉ siècle. Épisode isolé que cet arbre étonnant et unique, « surprenante issue contemplative d'une géométrie expérimentale de l'invisible[2] ». La plus récente, *Mourir aux portes de l'Europe*, est une série d'esquisses que dessine, sur une nappe de papier en 2009, le géographe Philippe Rekacewicz. Simples ou majestueuses, sommaires ou élaborées, connues ou inconnues, les images de pensée baignent toutes à l'origine dans la pénombre, le silence, le secret, le parler pour soi. Que nous assistions aux tâtonnements de la pensée, là où le terrain est encore sablonneux et les lignes malhabiles, au moment de la mue, ou à son accomplissement, toutes ces images possèdent fichés en leur cœur une énigme, un élixir de sens et une tension qui font surgir l'inespéré.

Quel accueil faire à ces images ? Le plus souvent, ce qui les rend imprévisibles est la distance entre l'objet de pensée et le condensé du rendu – ou, pour le dire autrement, la hauteur de l'intention et la fragilité de la représentation. Cet écart nous conduirait à inverser le processus de la connaissance, à percevoir le tout avant d'aborder les parties, et ce ne serait qu'après ce premier choc visuel que nous pourrions, à partir d'indices, reconstruire chaque tableau de ce théâtre de la pensée, im-mobilisé pour un instant. Les auteurs ont parfois tenté de nommer cette production : « escargot mental » ou « cycle fermé » d'activité dans les textes de Paul Valéry, « dessin d'écriture » chez Lacan, « esprit difforme (et splendide) » de Victor Hugo, « diagramme » chez Gilles Deleuze et Félix Guattari ou Gilles Châtelet, « formes pures de l'intuition » selon Kant, etc. Chaque figure est unique, sa construction exclut la répétition. Son essence est si singulière qu'il est presque impossible d'en former une conception génétique où l'on percevrait comment chaque ligne suit ou anticipe la précédente. Il n'y a pas de suivant, il y a la pensée là, répandue dans un tracé. Une trajectoire qui trouve son terme dans ce déversement, ou qui reprend son élan vers un autre destin, se fraie un chemin dans le chaos. Est-ce l'aube ou le crépuscule de la pensée, ce précipité chimique, ce moment de cristallisation que notre regard curieux tente de saisir ?

« Regardez cette page et dites-moi si je suis devenu fou ? »

Stéphane Mallarmé à Paul Valéry invité à voir le manuscrit du *Coup de dés*

Une fois collectée, comment ordonner cette turbulente compagnie ? Nous avons tenté une classification par disciplines, par époques, par typologie de figures. Espoir déçu. Les nommer ? Le plus souvent nous en sommes réduites à « Ça ressemble à ». Et si nous pouvons dire « Ceci est un cercle, une étoile, une pyramide ou un tableau », ces figures expérimentales tiennent peu en place dans une géométrie. Dessinés trait par trait à la manière d'un art brut où la main est guidée presque en aveugle par la pensée, parfois par l'intuition d'une forme ou des bribes de souvenir de forme, ces tracés hétéroclites demandent au regardeur de ne perdre de vue aucune pièce du puzzle, si minuscule soit-elle, pour reconstruire le sens de cette fresque. Quand ils existent, c'est vers les mots ou la légende attachés à la figure que tout de suite se porte notre regard, comme un sésame. Le dessin au crayon bicolore rouge et bleu d'Henri Langlois – figure anatomique du cœur –, dont les grandes flèches montrent l'exubérance et l'ambition du projet de cet homme dont on imagine aussi l'impatience. Et le *Parcours d'atelier* de William Kentridge, partition magnétique à accomplir avant que ne commence le travail. Il arrive souvent qu'il n'y ait aucun indice ou que la graphie demeure hermétique. Que dire de l'incroyable *Schéma des rapports de forces* de Dziga Vertov : est-ce un animal marin, un encombrant jouet d'enfant, une machine de guerre ? Et Alfred Korzybski et son mystérieux parachute linguistique ? Et puis la voltige de chiffres et de formes pour arriver au cristal de la pensée mathématique de Cédric Villani ou le cahier d'Alfred Dreyfus, activité mentale pour ne pas perdre la raison. L'image de pensée est parfois fulgurance, bien plutôt tâtonnement, hésitation, incertitude pour tenter d'inventer une réalité nouvelle. Il faut que la chose advienne – le tracé est toujours la représentation de l'idée qui se cherche et qui résiste – et c'est la figure qui aide à l'éclosion d'un monde.

Serait-ce l'un des ressorts de l'émotion que procurent ces images ? C'est un processus de connaissance dont nous faisons tous l'expérience, lorsque nous voulons appréhender le petit ou le grand monde, quelques traits sur une feuille pour comprendre ce qui nous traverse, dessinés de façon hâtive et malhabile, mais qui touchent au singulier cheminement de la pensée. Une idée est là, plus ou moins réelle, plus ou moins pertinente. Le geste formel se fait impérieux, la figure se forme, une réalité potentielle surgit. Pour arriver à saisir cela, il faut se regarder soi-même pensant. Ce qui se trame là n'appartient pas en propre à une communauté d'esprits supérieurs ; elle est le fait de chacun. C'est la révélation de l'essence anthropologique de l'image de pensée : si elle expose la construction de la pensée de grands inventeurs, elle dit aussi, comment, sans doute, le monde s'est érigé, comment chacun, depuis le fond des âges, a participé à son élaboration. Dans les images de pensée, il y va toujours de l'origine.

Comment, à partir du monde qui est le sien, comment, à partir d'un langage connu, créer ? Peut-être à partir d'une trame chargée du poids de la réflexion sans cesse renaissante, en permanence repiquée, défaite et refaite. L'anthropologue Lars Vig tente de visualiser les esprits et les dieux malgaches, comme si cette représentation lui permettait de mieux saisir, de comprendre ce dont on lui parle. Il essaie de visualiser ce qu'il peine à appréhender. Conçues pour y voir clair, maîtriser le volcan de la pensée, accélérer le raisonnement ou le déranger, les images de pensée sont sans intention esthétique. Certains – comme Charles Darwin – déplorent même de n'avoir aucun talent pour représenter l'idée qui les obsède. Les deux schémas de Darwin semblent sans valeur : trois traits, des pointillés. C'est pourtant à partir d'un va-et-vient entre notes et esquisses que se déploie l'idée hardie du naturaliste. Paul Valéry exprime parfaitement l'effort à fournir : l'esprit « tourne et retourne quelque chose qui n'a pas encore de nom dans sa propre langue, une étrange substance ; jusqu'à ce qu'enfin ce "sujet", ce rien, ce moment, ce support universel, ce plasme – *ressemble* à un objet, touche à un objet, seuil, chance, hasard qui est connaissance[3] ! »

L'invention s'assemble sous nos yeux. Mais ni dans l'activité mathématique, ni même dans la création d'un récit romanesque, l'intention n'est lisible : on devine le mouvement de la main, on suit le tracé, mais le sens de la figure demeure bien souvent ténébreux. Certes, il y a de l'inépuisable dans toute idée. Mais ici la figure est si intimement liée à son auteur que ce dialogue de soi à soi est difficilement appréhendable par l'observateur extérieur. C'est le paradoxe d'une image *a priori* immédiatement saisissable et dont pourtant il faudra des heures de labeur, une loupe, un dictionnaire pour en saisir des bribes. Entrons dans le cercle, une figure qui revient avec insistance, penchons-nous sur ses bords, regardons son noyau, examinons ses entrailles. Que se passe-t-il à l'intérieur de cette géométrie, existe-t-il des affinités entre les cercles ? Comment lire le *Farbenkreis* peint par Goethe en 1809 et l'*Ecorce terrestre en relation avec la zoologie* de 1851, où viennent se ranger les espèces dans leur ordre d'évolution selon les zoologistes Jean Louis Rodolphe Agassiz et Augustus Addison Gould ? Peut-on lier le schéma de l'organisation du Bauhaus par Paul Klee, daté de 1922, à l'implacable *NOT* (contenu de l'Organisation scientifique du travail artistique) de Gustav Klucis, dessiné à la même époque ? Le tracé circulaire énonce-t-il une communauté de pensée qui amarrerait le schéma de l'église unitarienne de Rochester de Louis Kahn à la figure de la place de l'homme dans le monde de Friedensreich Hundertwasser, œuvre d'une vie sans cesse recommencée ? Le cercle est-il une tentative pour inscrire dans une matrice miniature l'essence d'une pensée ou sa mise en perspective ou encore la clôture d'un monde ou bien un point de départ, un centre de gravité – « l'idéalité formelle » dans un processus de création, selon les termes de Louis Kahn ? On peut être tenté d'interpréter ces figures en remontant le cours du fleuve, de replacer chaque image dans sa genèse et dans le courant de l'histoire immédiate et plus lointaine – Goethe et Newton, Agassiz, Darwin et Strickland, Klucis et la révolution russe, Klee et la révolution pacifique des formes. Cette épreuve nécessaire ne parvient pourtant pas à épuiser l'immense et émouvant domaine qui s'ouvre là.

Inventifs et fascinants dessins précédant la rationalisation ou la mise en forme de la pensée. Folles et inflexibles images qui contractent la complexité et nous plongent dans les profondeurs de l'esprit. Contorsion de la pensée et ouverture infinie de l'espace mental. Chaque représentation projette un monde et se projette dans le monde. Les images de pensée ouvrent un champ nouveau qui permet d'appréhender les registres de la construction de la pensée sous d'autres auspices. Ces images ne sont pas le décor qui rendrait la thèse, le récit, la formule, le propos moins austères. Ici, l'image révèle sa juste place : une trouée, une percée de l'énigme du monde et un instrument de connaissance. Peut-être que, lorsque tous ces fragments de pensée seront déchiffrés, c'est « le cristal de l'ensemble » qui apparaîtra, selon la promesse de Walter Benjamin.

1. *Denkbild* (« image de pensée ») a été introduit dans la langue allemande par le poète Stefan George. L'expression a été reprise par Walter Benjamin, mais elle n'a pas, dans cet ouvrage, le sens que lui donne le philosophe (Walter Benjamin, *Images de pensée*, Paris, Christian Bourgois, 2001).

2. Giulio Busi, *Qabbalah visiva*, Turin, Einaudi, 2005.

3. Paul Valéry, *Tel quel*, Paris, Gallimard, 1996.

PLANCHES

Sigmund Freud, médecin (1856-1939)
Sexualschema, 1895

En janvier 1895, Sigmund Freud adresse à Wilhelm
Fliess, son interlocuteur privilégié et confident, un
manuscrit sur la mélancolie, intitulé « Manuscrit G »,
dans lequel il tente d'expliciter l'étiologie de la mala-
die. « Peut-être pourrait-on partir de l'idée suivante :
la mélancolie est un deuil provoqué par une perte de
libido.
« Reste à savoir si cette formule peut expliquer
l'apparition de la mélancolie et les particularités des
mélancoliques. Nous en discuterons en nous reportant
au schéma sexuel. »

Sigmund Freud, « Manuscrit G du 7 janvier 1895 »,
in *Naissance de la psychanalyse*, Paris, PUF, 1973, p. 93.

Library of Congress, Washington

Ichgrenze   SexualSchema.

psychische Gruppe

m.S.   Psychisch   Aussenwelt
Sexualobjekt

Reflexion

Somat – psych Grenze

Sexualschauung

Sexualobjekt in sinnlicher Relation

Spinalcentrum

sensation

Fortleitung

reflector. Action

Endorgan

Dimitri Mendeleïev, chimiste (1834-1907)
Sans titre, vers 1869

Dimitri Mendeleïev révolutionne la chimie en classant selon leur masse atomique les soixante-trois éléments chimiques connus à l'époque. Le classement adopté, en rangées et colonnes, permet de comprendre les analogies physiques et chimiques des divers éléments. Ici les chiffres sont notés au dos d'une lettre.

« Les propriétés des corps simples et composés dépendent d'une fonction périodique des poids atomiques des éléments pour la seule raison que ces propriétés sont elles-mêmes les propriétés des éléments dont ces corps dérivent. »

Dimitri Mendeleïev, *Principes de chimie*, II, Paris, Librairie scientifique industrielle agricole, 1890, p. 470.

Musée Mendeleïev, Université d'Etat de Saint-Pétersbourg

[Notes manuscrites de Marcel Griaule — texte partiellement lisible]

Amma a dessiné la fonction de la trace pour le KK. Il a fait mettre l'h. à la patte pour pendre le KK.

Le Nommo 7 a dessiné un squelette. Il a posé les perles une à une. Chaque doigt principal a été placé d'abord ⊕ puis les petits les ont joints. 1 seul pour la tête. Cauris aux ongles.

⊕ à la [...] de l'os (protubérance)

Les couleurs de l'arc en ciel sont représentées par chaque membre. Il les rapproche des traces du [...], mais pas tout à fait.

La jambe gauche avait maximum de noir — — rouge

droite — — rouge

bras gauche — — rouge

" droite — — blanc

Les couleurs étaient seulement un peu entrées dans les doigts. On peut dire que le vieux a vécu dans terre, dans obscurité comme dans placenta. Quand il l'a mangé, il venait de mourir.

On ne peut spécialiser les couleurs; il pense que ce soit couleurs de l'arc-en-ciel, mais il n'y a pas spécialisation par membre. Le squelette était multi-colore.

Ogotemmêli, sage (?-1947)
Sans titre, 1946,
interprété par **Marcel Griaule** (1898-1956), ethnologue

L'ethnologue Marcel Griaule note les explications du sage Ogotemmêli sur la cosmogonie dogon (Mali), système de classement et logique formelle d'organisation de la vie sociale. « Le Septième Nommo, dit Ogotemmêli, a avalé le vieil homme par la tête et il a rendu les pierres dougé en les plaçant dans le même ordre que le corps étendu. C'était comme un dessin d'homme fait avec les pierres. »

Marcel Griaule, *Dieu d'eau : entretiens avec Ogotemmêli*, Paris, Librairie Arthème-Fayard, (1966) 1975, p. 56.

Laboratoire d'ethnologie et de sociologie comparative, Maison René Ginouvès, Université de Paris-Ouest Nanterre La Défense

Johannes Itten, artiste (1888-1967)
Dreidimensionales Denken, 1919-1920

Théoricien de la couleur, Johannes Itten enseigne au Bauhaus de Weimar (République de Weimar) de 1919 à 1923. Le tracé didactique de cette sphère en trois dimensions permet aux élèves de se promener dans la couleur.

« Pensée tridimensionnelle

« Je ne suis pas obligé de me promener à la surface [de la sphère]. Plein de secrets est l'intérieur gris [de la sphère], l'indéterminé !

« Je peux suivre un chemin, deux ou trois ou combiner plusieurs d'entre eux. Que ce soit avec ou sans liaison, souvent les chemins aboutissent dans le vide, dans le néant ou dans les hauteurs ou les profondeurs sans chute ou ascension.

« La pensée par couches

« Je peux vraiment me mouvoir dans la deuxième ou la troisième région à l'intérieur de la sphère ou ici rencontrer la lumineuse couleur de l'équateur. Ainsi je peux me diriger ici ou là à travers la sphère, dans un contraste de qualité [.] [S]i je suis l'équateur à droite alors survient le contraste chaud-froid. Si je vais à gauche au-dessus du jaune alors survient la clarté. »

Kunstmuseum, Berne

Dreidimensionales
Denken
einführen

In Schalendenken
Ich kann mich
ganz in der zweiten
oder 3 Region
im Innern der
Kugel be-
wegen, oder
hier oder dort
in die leuchtende
Aequatorfarbe
vorstossen. So
kann ich mich in Quali-
tät kontrast durch
die Kugel Blattmitte
hin und her steuern
purpur folge ich dem
Aequator so entsteht
Kaltraum. (rechts-
herum. 100 cm
oder Hell Skl
wenn ich links
über gelb
gebe. —

Kugel
260 m
schw.

grau

grün
grau

schwarz
260 m

Ich nun nicht
an der Oberfläche
spazieren gehen
Geheimnisvoll
grün
ist das
Innere
Graue,
das Unbe-
stimmte.

Ich kann
einen weg folgen
oder 2 oder 3
oder mehr Wege
kombinieren.
Ob mit oder ohne Bindung
oft führen wege ins Leere.
in Abgründe oder in Höhen
oder Tiefen ohne Fall oder Aufstieg.
4 farben Auszug.

er je einen
Ton überspring
M 1 : 4

127

schw.

René Descartes, philosophe (1596-1650)
Traité de l'Homme (gravé par Huygens l'Aîné), 1664

Descartes écrit au Père Mersenne à propos de l'envoi de ses figures chez le graveur : « [...] si vous jugez que mes écrits puissent être imprimés à Paris plus commodément qu'ici et qu'il vous plût d'en prendre le soin, comme vous m'avez obligé autrefois de m'offrir, je vous les pourrois envoyer incontinent [...]. Seulement y a-t-il en cela de la difficulté, que ma copie n'est pas mieux écrite que cette lettre, que l'orthographe ni les virgules n'y sont pas mieux observées, et que les figures n'y sont tracées que de ma main, c'est-à-dire très mal ; en sorte que si vous n'en tirez intelligence du texte pour les interpréter auprès du graveur, il lui serait impossible de la comprendre. »

Œuvres philosophiques de Descartes publiées d'après les textes originaux par L. Aimé-Martin, Paris, Auguste Desrez imprimeur-éditeur, 1838, p. 548.

Bibliothèque nationale de France, Paris

ait aucune Ame dans cette machine, elle peut naturel-lement estre disposée, à imiter tous les mouuemens que de vrais hommes, ou bien d'autres semblables machi-nes, feront en sa presence.

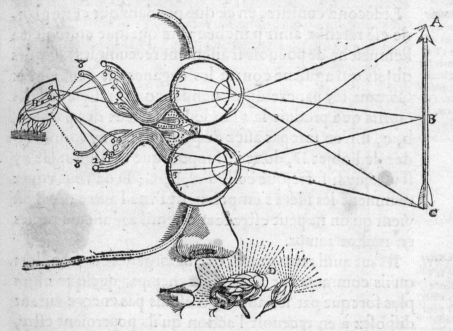

La seconde cause qui peut determiner les mouuemens de la glande H, est l'action des objets qui touchent les sens. Car il est aisé à entendre, que l'ouuerture des pe-tits tuyaux 2, 4, 6, par exemple, estant élargie par l'ac-tion de l'objet A B C, les Esprits qui commencent aussi-tost à couler vers eux, plus librement & plus viste qu'ils ne faisoient, attirent apres soy quelque peu cette glan-de, & font qu'elle se panche, si elle n'en est d'ailleurs empeschée; & changeans la disposition de ses pores, elle

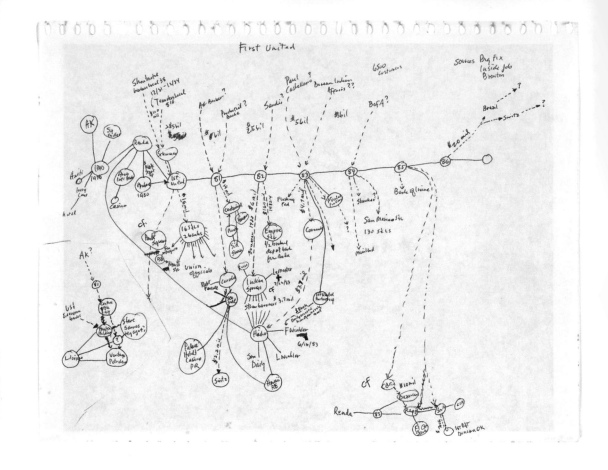

Mark Lombardi, artiste (1951-2000)
First United, 1994

La lecture des journaux et leur mise en fiches (plus de quinze mille) vont permettre à Mark Lombardi de remonter la chaîne des réseaux politico-financiers internationaux et des scandales qui leur sont liés. « J'appelle [ces compositions] "structures narratives" parce que chacune consiste en un réseau de lignes et de notes qui sont là pour raconter une histoire récente, qui présente pour moi un intérêt comme la déroute d'une grande banque internationale, celle d'une compagnie d'exportation ou une banque d'investissement. Un de mes buts est de cartographier l'interaction des forces politiques, sociales, économiques dans les affaires contemporaines. »

Mark Lombardi, *The Recent Drawings : An Overview*, manuscrit inédit, 2000, archives Mark Lombardi, galerie Pierogi, Brooklyn, New York.

The Museum of Modern Art, New York

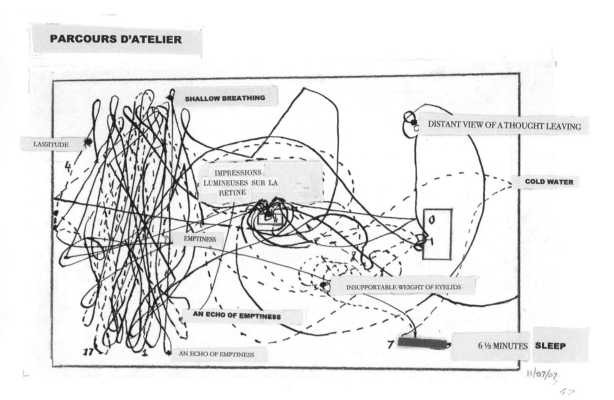

Willliam Kentridge, artiste (1955)
Parcours d'atelier, 11 juillet 2007

William Kentridge déambule dans son atelier avant de se mettre au travail. C'est ce parcours physique et mental indispensable qu'il tente de restituer.

« L'atelier est un espace fermé, physiquement et psychiquement, comme un cerveau en plus grand ; la déambulation dans l'atelier est l'équivalent des idées qui tournent dans la tête, comme si le cerveau était un muscle que l'on pourrait exercer pour le mettre en condition et améliorer ses performances. Mes "fragments" sont donc le fruit de cogitations intérieures, chaque fragment terminé étant la manifestation des impulsions qui viennent à l'esprit et que l'on abandonne avant que le travail ne commence. »

William Kentridge, « L'artiste au travail » [Préface], in *William Kentridge. Cinq thèmes*, Paris, Cinq continents et Jeu de Paume, 2009, p. 12.

William Kentridge Studio

Joseph Michel de Montgolfier,
industriel (1740-1810)
Parachute de 12 pieds de raions, 1784

Joseph de Montgolfier, inventeur avec son frère
Etienne du ballon à air chaud, appelé aussi « montgolfière », réfléchit ici à la chute freinée des corps et
décrit la conception d'un parachute. Il explique que,
d'après ses calculs, un corps suspendu à son parachute tombe trois fois moins vite qu'en chute libre.
Ce n'est pas seulement la durée de la chute qui
diffère, écrit-il, mais aussi l'accélération, ce qui diminue
le choc.

Musée des Lettres et Manuscrits, Paris

machine elle consiste en une demy globe de ... pieds de rayon
fait en estoffes de soye ... cent aulnes
suffisent pour sa construction ... chaque fuseau de le
demy globe ... se prolonge une petite corde de soye qui
que nous nommerons corder de surpantion les quelles
viât a boutir viennent toutte aboutir au tour du level
superieur donne les beille dosier ... sem bourre des ...
dehors ... fond avec des crain les corder doivent parti
... emboucheure
pas partis de la ... de parachute mais
de deux pieds au desus et dans linterieur on atache
en suitte une tres petit cordone ... ou embouchure
... a lextremité du parachute
lequel ... est atachee a aboutit a la corde de
surpantion qui est au desous ... et y est fixee
elle doit estre de longeur sufisante pour estre tres lache
& lorsque le parachute est formé et tirante lorsque
il est ouvert

Capasité du
parachute enflé
Contenant environ
4 mille pied cube
dair atmospherique
au quel il est obligé de
comuniquer au mouvement
vertical pendant
tout le temps
qu'il emploie
a descendre
sur la
terre

parachute de 12 pieds de raion

$$\begin{array}{r} 24 \\ 24 \\ \hline 96 \\ 48 \\ \hline 55\ 6 \\ \hline 3456 \end{array}$$

A le panier
BB corder de surpantion
C C petites corder pr regler
D ouverture du parachute

A le panier dans le quel est placé les voyageurs
BB cordes de surpention qui suspendent le panier A au parachute
C C cordons qui communiquent de lextremité du parachute aux corder B
D ouverture pratiquée dans le parachute la quelle est close par un filet
Cette ouverture sert pour faire renouveler lair du parachute et fournir
un puisant moyen de direction horisontale en chasant
le parachute du coste opposé a cette ouverture

1784 ... sur le parachute

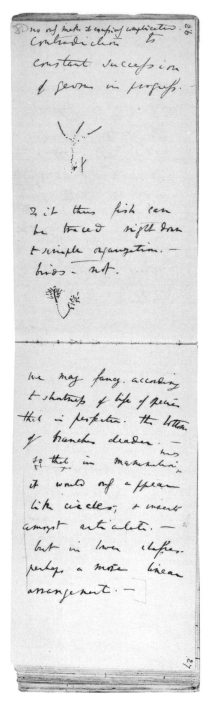

Charles Darwin, naturaliste (1809-1882)
Sans titre, 1837

Notes accompagnant les premiers diagrammes de la théorie de l'évolution qui
conduiront Charles Darwin à la rédaction de
l'ouvrage *De l'origine des espèces par voie
de sélection naturelle*.
« Une contradiction à la succession constante
des germes en devenir non,
« Cela [rend les choses] seulement trop
complexes
« Ainsi les poissons pourraient-ils être ramenés
à la plus simple organisation. – les oiseaux –
non.
« On peut imaginer, compte tenu de la briè-
veté de la vie des espèces parfaite[ment]
développées, que la base des branches soit
morte. »

Charles Darwin, *Notebook B*,
Cambridge University Library, Dar. Ms 121,
fol. 26 et 27.

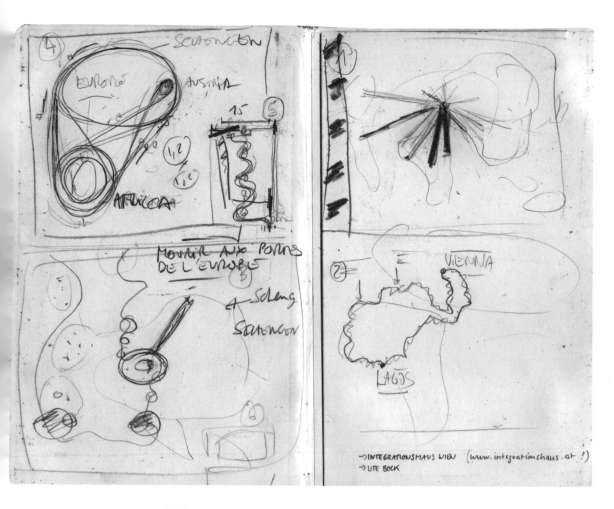

Philippe Rekacewicz, géographe (1960)
Mourir aux portes de l'Europe, 2009
Premières esquisses de la *Carte de la stratégie
de la pauvreté*. *La grande roue*.

« L'Afrique sauve l'Europe, qui appauvrit l'Afrique, qui nourrit l'Europe, qui asservit l'Afrique, qui paye l'Europe, qui continue de piller l'Afrique… […] Comme un metteur en scène de théâtre qui, sur la base du monde réel, choisit la personnalité de ses acteurs et l'atmosphère de ses décors. Il ne faut pas en effet sous-estimer la dimension dramatique – au sens propre – du système cartographique : il constitue une véritable mise en scène graphique du fonctionnement du monde. »

Philippe Rekacewicz, « L'œil, la terre, et le cartographe »,
Le Monde diplomatique, mars 2009, 56e année, n° 660.

Collection particulière

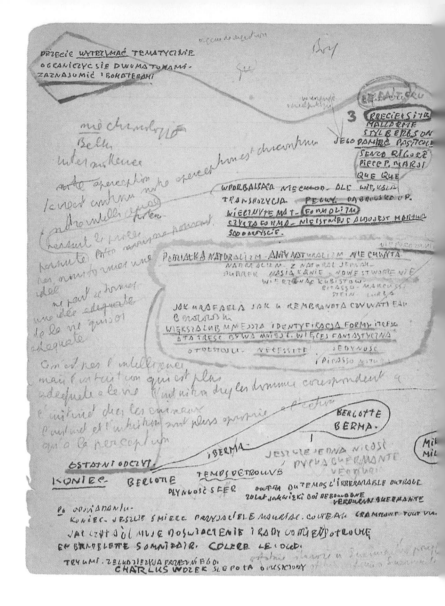

Joseph Czapski, peintre et écrivain (1896-1993)
Sans titre, 1940-1941

Pendant la Seconde Guerre mondiale, le prisonnier
Joseph Czapski reconstitue de mémoire, devant ses
codétenus, le roman de Marcel Proust *A la recherche
du temps perdu*.
« Cet essai sur Proust fut dicté l'hiver 1940-1941
dans un froid réfectoire d'un couvent désaffecté qui
nous servit de salle à manger de notre camp de prisonniers à Griazowietz, en URSS. [...] Nous étions

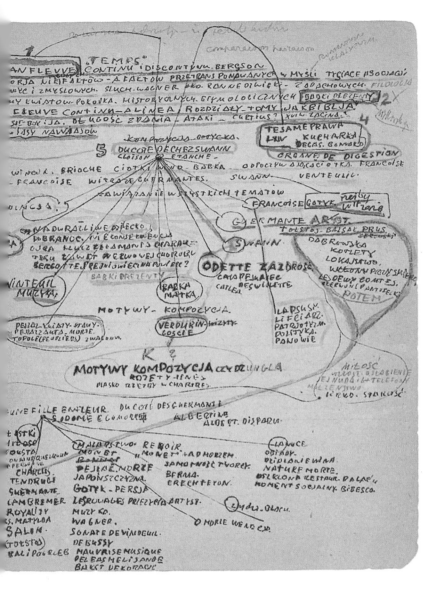

quatre mille officiers polonais entassés sur dix-quinze hectares à Starobielsk, près de Kharkov, depuis octobre 1939, jusqu'au printemps 1940. Nous y avons essayé de reprendre un certain travail intellectuel qui devait nous aider à surmonter notre abattement, notre angoisse, et défendre nos cerveaux de la rouille de l'activité. »

Joseph Czapski, *Proust contre la déchéance. Conférence au camp de Griazowietz*, Paris, Editions Noir sur Blanc, 1987, p. 7-8.

Fritz Lang, réalisateur (1890-1976)
Sans titre, 1944

Fritz Lang dessinait scène par scène les scénarios de ses films : ici, sur une feuille de papier à lettres d'un hôtel hollywoodien, le dispositif scénique du tournage de *Ministry of Fear (Espions sur la Tamise)*, 1945.

La Cinémathèque française, Paris

The Beverly Wilshire Hotel

WALTER G. McCARTY CORP.
OWNER AND OPERATOR
WILSHIRE BLVD. BETWEEN EL CAMINO AND RODEO DRIVES

Beverly Hills, California

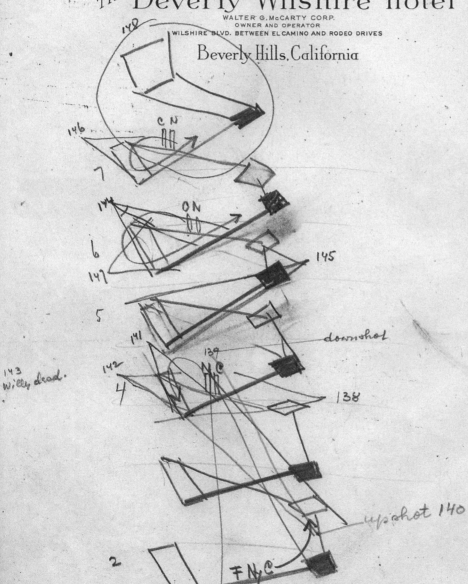

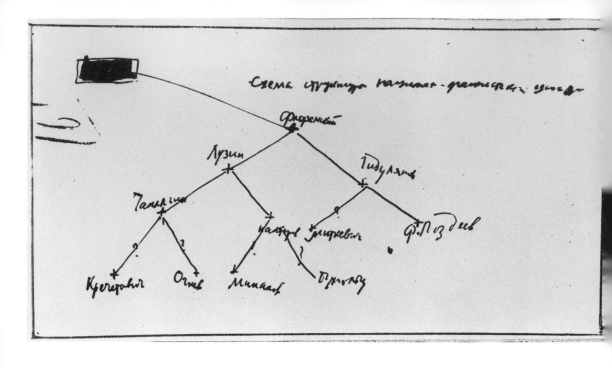

Pavel Florenski, théologien orthodoxe (1882-1937 ?)
Sans titre, 1933

Arrêté en 1933 sous Staline, Pavel Florenski, pour
sauver ses codétenus, est contraint de s'accuser d'être
l'idéologue d'un parti national-fasciste dont ses geôliers le somment de dessiner l'organigramme. Dans
sa déposition, il tente de sortir du piège organisé par
la Loubianka en minimisant le rôle de ce parti imaginaire : « Les actions tactiques du centre national-
fasciste n'étaient pas très élaborées et constituaient
le point le plus faible. Cela s'explique par la parti-
cipation de gens de science qui n'ont jamais fait de
politique ni pris part à une quelconque activité, clan-
destine ou ouverte… » Pavel Florenski fut déporté au
camp des îles Solovki (Union soviétique), où il mou-
rut, sans doute fusillé, en 1937.

Cité par Vitali Chentalinski, *La Parole ressuscitée*.
Dans les archives littéraires du KGB, Paris, Robert Laffont,
1993, p. 165.

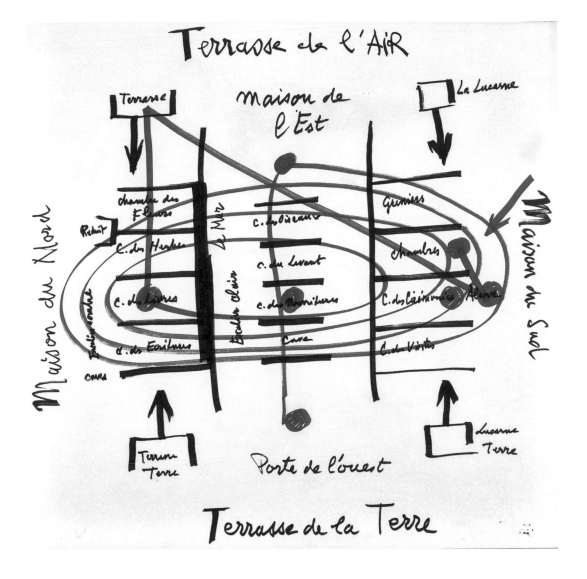

Etienne Martin, sculpteur (1913-1995)
Itinéraire d'un voyageur (Schème des trois demeures),
vers 1985

Etienne Martin sculpta toute sa vie ce qu'il appela
« les demeures », retraçant dans d'infinies variations
sa maison d'enfance à Loriol (France). Les dessins
de ces demeures réelles et imaginaires surviennent de
façon autonome avant ou après le travail de la sculpture. Le dessin n'est pas pour Etienne Martin un outil
au sens habituel du terme : il accompagne le sculpteur
dans l'élaboration de sa pensée.

Musée de l'Hospice Saint-Roch, Issoudun

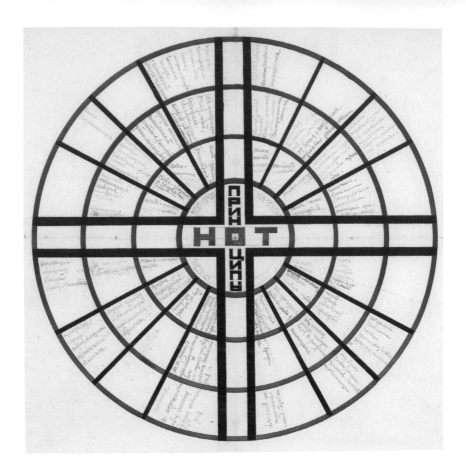

Gustav Klucis, artiste (1895-1936)
NOT. Printsipy, 1925

Constructiviste russe puis théoricien du photomon-
tage, Gustav Klucis mettra son art au service de la
nouvelle société soviétique.
Les *Printsipy* (« Principes ») de la NOT (*Nauchanaia
Organizatsiia Truda* – Organisation scientifique du
travail) présentent les quatre sections de la nouvelle
société socialiste dans lesquelles l'artiste est appelé à
jouer un rôle : publicité, vie quotidienne, propagande
d'agitation et loisirs.

Musée national d'Art contemporain, collection Costakis,
Thessalonique

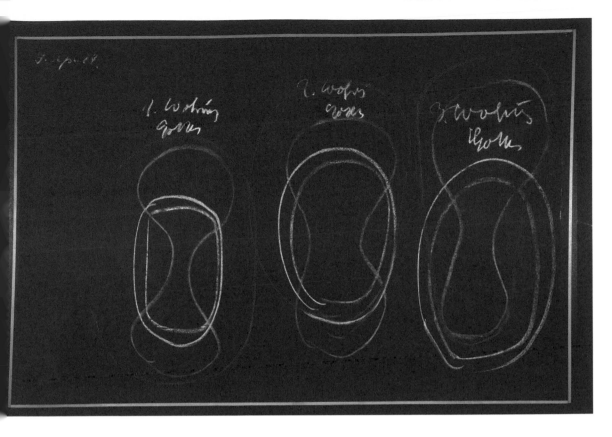

Rudolf Steiner, philosophe (1861-1925)
Sans titre, 1924

Rudolf Steiner fut le fondateur de l'anthroposophie, doctrine dont le principe est de permettre à l'homme de retrouver ses racines spirituelles. Ce croquis au tableau noir – titré ultérieurement *Les Demeures de Dieu* – a été tracé pendant une conférence prononcée en septembre 1924 à Dornach (Suisse).

Rudolf Steiner a produit un grand nombre de dessins : sur tableau noir pendant ses conférences, dans ses carnets de notes. « Tout ce qui m'est donné du monde spirituel, j'ai toujours l'habitude de l'écrire avec un crayon dans la main, de le transcrire avec des mots ou toutes sortes de dessins. Par là même, le nombre de mes carnets de notes pourrait remplir plusieurs wagons. Je ne les regarde plus ensuite. Ils sont là ; ils sont présents pour relier ce qui a été cherché en esprit afin que ce ne soit pas communiqué seulement en mots s'adressant à l'intellect. »

Rudolf Steiner, *Was wollte das Goetheanum und was soll die Anthroposophie*, 1923-1924, Dornach, 1986 (GA 84), p. 39. Traduction parue dans *Etudes psychologiques – Imagination, inspiration, intuition*, Série à thèmes n° 7, p. 42, Editions anthroposophiques romandes, 1986.

Rudolf Steiner Archiv, Dornach

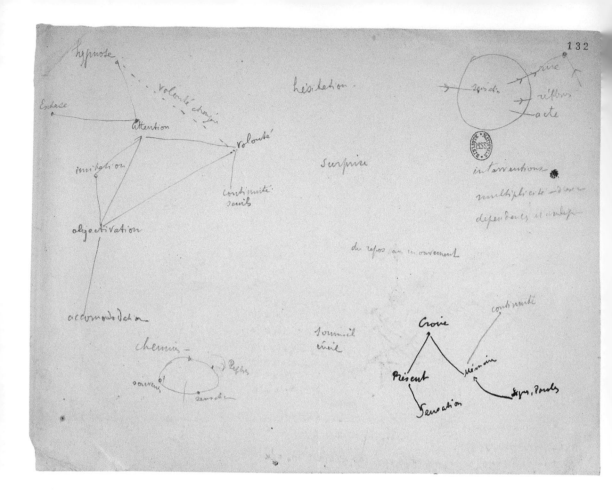

Paul Valéry, poète et philosophe (1871-1945)
Sans titre, vers 1910

Les *Carnets* de Paul Valéry, qui couvrent vingt ans de création littéraire (1894-1914), donnent à comprendre la genèse de sa pensée et
son évolution.

« Je suis fait de pièces qui peuvent entrer dans bien des mécanismes ;
et d'éléments qui composent une infinité de combinaisons. Une certaine division de mon être sentant et figurant est telle que je ne puis
la pousser plus avant sans sortir de la veille sans en détruire l'édifice
mobile stationnaire. Une division plus fine trouve des éléments qui
sont dans la veille et dans le rêve. La veille ne contient l'atome que
dans la molécule, et dans le rêve l'atome est libre. Comme si le soir
dissolvait ce que le matin cristallise. »

Paul Valéry, *Cahiers*, cité par Robert Pickering, Françoise Haffner et Micheline
Hontebeyrie, « Lieux génétiques inédits chez Paul Valéry », *Genesis*, n° 18,
2002, p. 70.

Bibliothèque nationale de France, Paris

R18   τ = 2

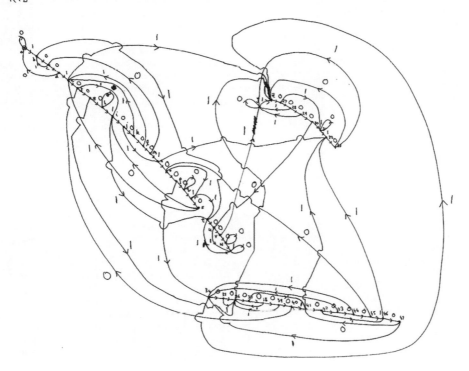

Stephen Wolfram, physicien (1959)
Théorie de calcul des automates cellulaires, 1984

« Dans l'univers des programmes informatiques possibles, même des programmes dotés de règles très
simples peuvent conduire à des comportements d'une
grande complexité. Cette image, issue du comportement d'un automate cellulaire de règle 18, représente
seulement deux étapes du processus. »

Communiqué par Stephen Wolfram, septembre 2010.

Courtesy Stephen Wolfram, LLC and Wolfram Research, Inc.

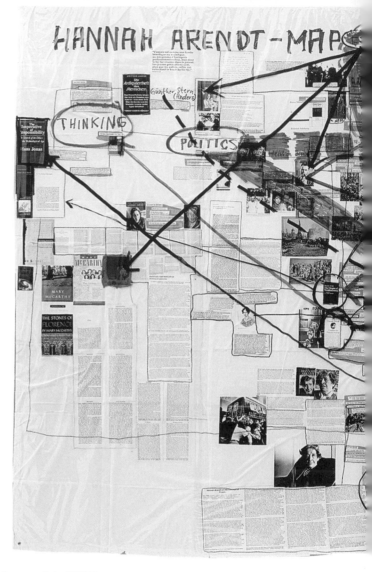

Thomas Hirschhorn, artiste (1957)
et **Marcus Steinweg**, philosophe (1971)
Hannah Arendt – Map, 2003

Thomas Hirschhorn et Marcus Steinweg élaborent ensemble
des manifestes inspirés de penseurs tels que Spinoza, Nietzsche,
Foucault ou, comme ici, Hannah Arendt.
« 1. Il n'y a d'art que ce qui s'affirme tel. » (M. S.)
« Le plan est le premier pas d'une édification, d'une construction d'une sculpture. Le plan est bidimensionnel, je dois
– grâce à mon travail – le faire passer dans la troisième
dimension. Tous mes travaux sont des plans ou des collages
– passés dans la troisième dimension, je fais des collages dans
l'espace. Je ne pars pas du volume, je pars toujours d'un plan

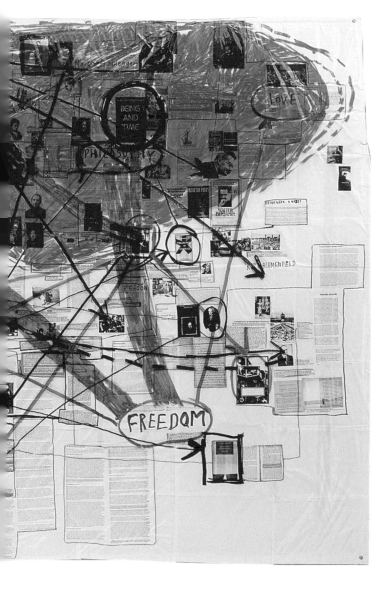

– que j'ai dans la tête. Le plan, la forme est d'abord dans ma tête. Ce qui m'intéresse, c'est que le plan ne puisse pas être transformé de manière linéaire, et ce qui m'intéresse, c'est de devoir interpréter un plan. Mon plan n'est pas "théorie". Son interprétation doit être une interprétation authentique, véritable, personnelle. En art, il s'agit d'avoir un désir, un problème, une mission, et il s'agit, dans la détresse, dans le désarroi et dans l'urgence absolue, de donner une forme à ce désir, à ce problème ou à cette mission. » (T. H.)

Marcus Steinweg et Thomas Hirschhorn, *Maps*, Berlin, Merve Verlag, 2010, quatrième de couverture.

Courtesy the Artist and Stephen Friedman Gallery, Londres

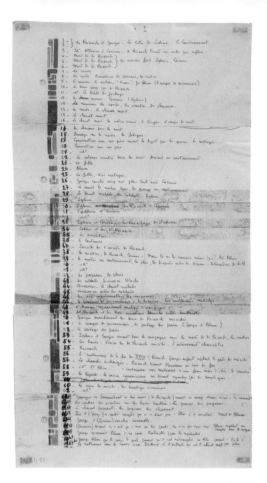
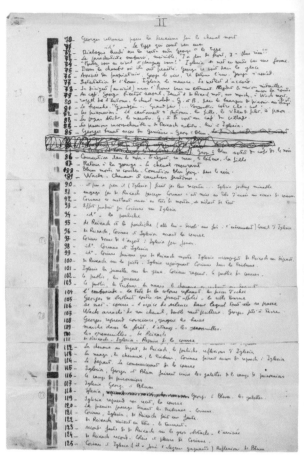

Claude Simon, écrivain (1913-2005)
Sans titre, 1960

« Je n'ai pas écrit *La Route des Flandres* d'un seul trait, mais selon l'expression de Flaubert, "par tableaux détachés", accumulant sans ordre des matériaux. A un certain moment, la question qui s'est posée était : de quelle façon les assembler ? J'ai alors eu l'idée d'attribuer une couleur différente à chaque personnage, chaque thème. […] Arrangements, permutations, combinaisons est le titre du premier chapitre que l'on étudie en mathématiques supérieures : c'est une assez bonne définition du travail auquel je me suis livré en m'aidant de ces couleurs. »

Claude Simon, « Note sur le plan de montage de *La Route des Flandres* », in *Claude Simon, chemins de la mémoire*, textes, entretiens, manuscrits réunis par Mireille Calle, Sainte-Foy, Le Griffon d'argile, 1993, p. 185-186.

Bibliothèque littéraire Jacques Doucet, Paris

174 – Alors il serait mort… Les yeux ouverts mes morts regardent toujours le même mur de briques

175 – Les briques, les plantes, le vacarme de la guerre

176 – De nouveau les plantes poussant au pied de mur – La porte du poulailler –

177 – La porte, le pillage – Iglésia disant "Ils sont venu chercher les poules". Reculent en rampant.

178 – La nuit tombe. Le chiffon rose, reculent en franchissant les haies – Le pillage dans le poulailler

179 – Retour à la maison. Tâtonnant dans le noir – Le sommeil – Iglésia dans le vieux ciseaux.

180 – Iglésia dans le lieux – Georges dans son sommeil lâchant Corinne "Mais tu ne m'aimes pas

181 – Moule humide d'où sortait … Le pré de Rance – S'il était mort. Les pissenlits par la racine

182 – Essayant de manger l'herbe – La traie mangeant le chien … rosée que je buvais

183 – Les matins glacés, ~~dormant~~ au contact l'un dans l'autre. Les bouts des reins

184 – Couché, gisant comme pour une ordination – Corinne le met en elle

185 – La heurtant. Tu ne vois pas que je t'aime? Le feu qui criait – Heurtant. Puis soudain elle cessa.

186 – Reprenant lentement conscience – le sang, la vie refluant – Les paupières fermées,

187 – ~~La vieille~~ – La vieille.

188 – La vieille – Le corps roulé, pourrissant. La méprise. Dialogue avec la vieille.

189 – Dialogue avec la vieille – Les yeux fermés – le marron.

190 – Cachant sa figure dans l'aisselle, le flanc, le ventre palpitant – Le paon – cheval

191 – Attendant le départ – Pluie – Dialogue entre les soldats. Blum. Wack.

192 – Dialogue

193 – En dialoguant. La pluie dissolvante.

194 – Description de Corinne couchée. Les jambes. Le pubis.

195 – Le sexe. "Où es-tu?" – Ici – Non – Je sens comme ce qu'on voit sur les murs des cavernes" Laisse-moi

196 – De nouveau sur la route, la nuit – Courte récapitulation du drame

197 – Dialogue de la nuit. La rivière – Le glacier

198 – Le glacier, les fantômes – Mais que vois-tu – Écrite sur le suicide de l'ancêtre –

199 – Le médaillon – Épanoui. Maigreur de Blum –

200 – "Peut-on … (l'ancêtre) avait … il refusait les dettes – Prestige – Peau que 150 fois tout en autre se refaisant

201 – Blum raclant sa gamelle – "Mais aucun Blum n'a trouvé le temps

202 – La rue

203 – La rue

204 – La rue – Pas même l'espace pour un miracle. "N'emplie que ça arrive, dis-je

205 – Écoutant les éclats de passion détaché de … Alger se suicidant – Non – Le bordeau. La ville folle.

206 – Allez loin ce fusil. Longtemps j'ai cru à un accident de chasse. La belle au Bois dormant.

207 – Le retrait d'elle – Glacé. L'évasion – Le coït

208 – Jaillissant. S'inondant – Retombant hébétés. Le feuilles. Les œillets.

209 – Scène de rupture

210 – La fraîcheur de l'aube – Comment revoir. Les pattes de mouche de son père – Comment revoir.

211 – Quelle heure pouvait-il être? La route est ouest. Les ombres.

212 – Les lieux dits. Les hameçons.

213 – Les 4 cavaliers – Soldats? Sabres. Mais pas d'ordres.

214 – Les 5 chevaux. Description –

215 – Le rapport entre les 4 hommes. Polygone de sustentation mouvant. Y a le s/lieutenant. Les 2 officiers. De R. et Iglésia.

216 – Iglésia et Corinne – Mais comment savoir?

217 – Le capitaine et l'ancien jockey. Leurs rapports – Iglésia et Georges – Mais comment savoir? 2h de l'après-midi.

218 – Georges voyant pour la dernière fois le cheval – une scène fixe – Le bruit du canon s'éloignant. Noms

219 – Fourmies se glissant le long des murs – Georges sur le cheval d'un inconnu mort.

220 – Les étriers trop longs – Cet idiot de de Reixach s'obstinant au pas

221 – Rappel de l'ancêtre battant en retraite. De Reixach impossible, feignant de ne rien voir entr. Corinne et Iglésia

222 – S'avançant impassible au devant de son assassin – Le piétinement de chevaux, le canon, le temps destructeur.

Kostas Axelos, philosophe (1924-2010)
Sans titre, 1969

Dans son livre *Le Jeu du monde* (1969), Kostas
Axelos tente de penser les grandes époques
du devenir selon la combinaison des forces
élémentaires (ainsi le langage, la pensée, le travail,
l'amour…) et des grandes puissances médiatrices
(ainsi le mythe, la religion, l'art, la science, la
politique…): le dispositif d'ensemble dessine la
manière dont s'est institué le rapport de l'homme et
du monde.
« Cela peut être appelé *monde* dont le jeu se dit et se
joue multiplement. Le monde se déploie comme jeu
du temps, passé, présent et avenir en chacun de ses
instants. Notre temps nous donne à penser et à expé-
rimenter la technique, enjeu suprême. »

Kostas Axelos, « Schéma non schématique et cercle
problématiquement circulaire du jeu de l'errance, de "cela",
saisi à travers ses constellations et son itinérance, nos
itinéraires et nos réitérations », in *Le Jeu du monde*, Paris,
Minuit, 1969, p. 218-219.

Collection particulière

Georges Perec, écrivain (1936-1982)
Sans titre, 1978
Manuscrit préparatoire à « 243 cartes postales
en couleurs véritables »

Pour la fabrication de deux cent quarante-trois cartes postales, Georges Perec met au point un système combinatoire à cinq entrées pour créer du texte : chaque combinaison est rayée une fois réalisée.
« Comment parler de ces "choses communes", comment les traquer plutôt, comment les débusquer, les arracher à la gangue dans laquelle elles restent engluées, comment leur donner un sens, une langue : qu'elles parlent enfin de ce qui est, de ce que nous sommes. »

Georges Perec, *L'Infra-ordinaire*, Paris, Seuil, 1989, p. 11.

Bibliothèque de l'Arsenal, Fonds Perec, Paris

ABCDE	AGHNE	FGHIJ	FLCDJ	KLMNO	KBCIO
ABCDJ	AGHNJ	FGHIE	FLCDE	KLMNE	KBCIE
ABCDO	AGHNO	FGHIO	FLCDO	KLMNJ	KBCIJ	3
ABCIE	AGHDE	FGHNJ	FLMIJ	KLMDO	KBHNO
ABCIJ	AGMDJ	FGHNE	FLMIE	KLMDE	KBHNE
ABCIO	AGMDO	FGHNO	FLMIO	KLHPJ	KBHNJ	6
ABCNE	AGMIE	FGHDJ	FLMNJ	KLMIO	KBHDO
ABCNJ	AGMIJ	FGHDE	FLMNE	KLMIE	KBHDE
ABCNO	AGMIO	FGHDO	FLMNO	KLMIJ	KBHDJ	9
ABHDE	AGMNE	FGCIJ	FLMDJ	KLCNO	KBHIO
ABHDJ	AGMNJ	FGCIE	FLMDE	KLCNE	KBHIE
ABHDO	AGMNO	FGCIO	FLMDO	KLCNJ	KBHIJ	12
ABHIE	ALCDE	FGCNJ	FBHIJ	KLCDO	KGMNO
ABHIJ	ALCDJ	FGCNE	FBHIE	KLCDE	KGMNE
ABHIO	ALCDO	FGCNO	FBHIO	KLCDJ	KGMNJ	15
ABHNE	ALCIE	FGCDJ	FBHNJ	KLCIO	KGMDO
ABHNJ	ALCIJ	FGCDE	FBHNE	KLCIE	KGMDE
ABHNO	ALCIO	FGCDO	FBHNO	KLCIJ	KGMDJ	18
ABIDE	ALGNE	FGMIJ	FBHDJ	KLHNO	KGMIO
ABIDJ	ALGNJ	FGMIE	FBHDE	KLHNE	KGMIE
ABIDO	ALGNO	FGMIO	FBHDO	KLHNJ	KGMIJ	21
ABMIE	ALHDE	FGMNJ	FBCIJ	KLHDO	KGCNO
ABMIJ	ALHDJ	FGMNE	FBCIE	KLHDE	KGCNE
ABMIO	ALHDO	FGMNO	FBCIO	KLHDJ	KGCNJ	24
ABHNE	ALHIE	FGMDJ	FBCNJ	KLHIO	KGCDO
ABHNJ	ALHIJ	FGMDE	FBCNE	KLHIE	KGCDE
ABHNO	ALHIO	FGMDO	FBCNO	KLHIJ	KGCDJ	27
AGCDE	ALHNE	FLHIJ	FBCDJ	KBHNO	KGCIO
AGCDJ	ALHNJ	FLHIE	FBCDE	KBHNE	KGCIE
AGCDO	ALHNO	FLHIO	PBCDO	KBHNJ	KGCIJ	30
AGCIE	ALHDE	FLHNJ	FBMIJ	KBMDO	KGHNO
AGCIJ	ALMDJ	FLHNE	FBMIE	KBMDE	KGHNE
AGCIO	ALMDO	FLHNO	FBMIO	KBMDJ	KGHNJ	33
AGCNE	ALMIE	FLHDJ	FBMNJ	KBMIO	KGHDO
AGCNJ	ALMIJ	FLHDE	FBMNE	KBMIE	KGHDE
AGCNO	ALMIO	FLHDO	FBMNO	KBMIJ	KGHDJ	36
AGHDE	ALMNE	FLCIJ	FBMDJ	KBCNO	KGHIO
AGHDJ	ALMNJ	FLCIE	FBMDE	KBCNE	KGHIE
AGHDO	ALMNO	FLCIO	FBMDO	KBCNJ	KGHIJ	39
AGHIE		FLCNJ		KBCDO	
AGHIJ		FLCNE		KBICDE	
AGHIO		FLCNO		KBCDJ	

Jean Malaurie, ethnologue (1922)
Sans titre, 1967

« Premier tableau généalogique, dans l'histoire, de l'isolat des trois cent deux Esquimaux, dits les "Inughuit", au nord-ouest du Groenland. Je l'ai établi, lors de mon hivernage solitaire en 1950-1951, en interrogeant chacune des familles, réparties sur trois cents kilomètres, que je suis allé visiter personnellement, en traîneau à chiens, au cours de la nuit polaire. Mon enquête a permis de dresser, en 1952, ce cercle généalogique, à l'Institut national d'études démographiques, à Paris, en collaboration avec le démographe Léon Tabah et le généticien Jean Sutter. Ce tableau, mis sur le mur de ma cabane d'hivernage, à Siorapaluk, lors de mon retour chez les Inughuit, en 1967, a fait l'objet, de la part des Anciens, de quelques corrections sur mon enquête faite l'hiver 1950. La recherche de leurs mille ancêtres, sur cette figure circulaire, dûment répertoriés par leurs noms, suscitait beaucoup de passion, notamment celle d'Inuterssuaq, né en 1906, qui a été mon principal informateur en 1967, Pualuna, numéro 1 sur la généalogie et mon principal informateur en 1950, étant mort. Cette population de littérature orale, et donc sans archives, de soixante-dix familles lors de mon enquête, comptait, lors de leur découverte en 1818, quarante familles environ. »

Jean Malaurie, in *Les Derniers Rois de Thulé*, Paris, Plon, collection Terre humaine, 1955 – 5ᵉ édition définitive, Paris, 1989 ; éd. Pocket, 2001. Texte repris et complété par l'auteur pour la présente publication.

Collection particulière

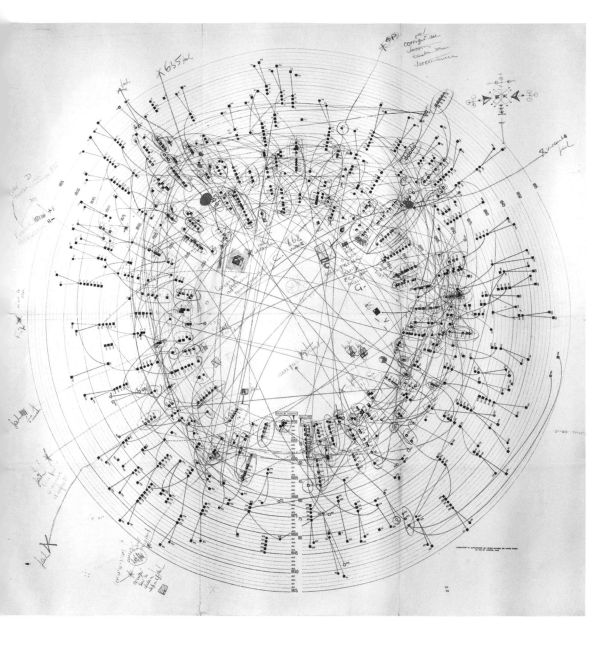

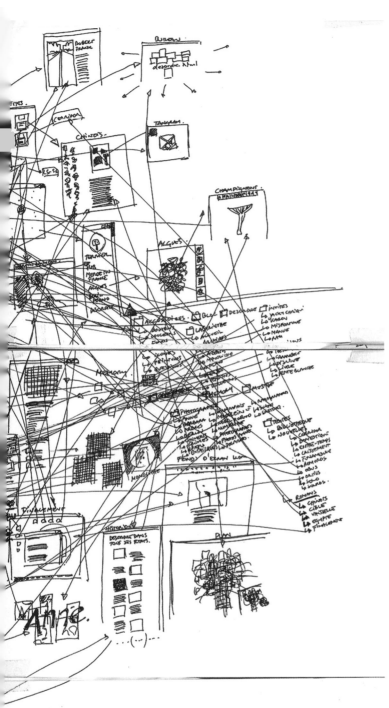

Philippe De Jonckheere,
artiste (1964)
Sans titre, extrait du site *Désordre*,
2005

Philippe De Jonckheere rappelle ici
comment est né son site *Désordre* :
« L'émerveillement du début débou-
chait finalement, maintenant, sur
la représentation fidèle d'idées, de
pressentiments et de perceptions déjà
anciennes : le caractère protéiforme
des personnalités, la concordance dans
le temps de pensées diverses – cette
difficulté si chère à Malcolm Lowry
d'exprimer plusieurs pensées simul-
tanées – et notre appréhension sans
cesse changeante, sans cesse altérée
par le temps. Nos existences sont des
labyrinthes dont certains méandres
sont communs à d'autres dédales
empruntés par d'autres (pas toujours
contemporains d'ailleurs). Ces réseaux
sont amenés à s'entrecroiser à l'envi,
pourvu qu'on ait l'intelligence de s'y
perdre. »

Communiqué par Philippe De Jonckheere,
<http://www.desordre.net/index.html>

Collection particulière

Anonyme
Ilan ha-hokmah, fin du XIIIe siècle

L'*Arbre de la sagesse* synthétise le traité des feuillets 31 à 34 sur le *Livre de la Création*, le *Sefer Yesirah*, un ouvrage fondamental de la kabbale hébraïque. Le traité tente de percer le mystère de la sagesse divine et de son unicité. « Le diagramme doit être probablement imaginé comme la transposition bidimensionnelle d'une structure cosmique à plusieurs volumes, dans laquelle le tronc de l'arbre de la sagesse naît de la roue séphirotique, passe à travers le nœud de *"ruah"* ("esprit de l'esprit"), perfore le solide polymorphe et se dresse finalement avec ses gemmations rigides. […] Peut-être parce qu'il représente une phase de passage, l'arbre de la sagesse de ce manuscrit romain ne paraît pas avoir connu de tradition ultérieure, et il est resté un épisode isolé : la surprenante issue contemplative d'une géométrie expérimentale de l'invisible. »

Giulio Busi, *Qabbalah visiva*, Turin, Einaudi, 2005, p. 129-130.

Bibliothèque nationale de France, Paris

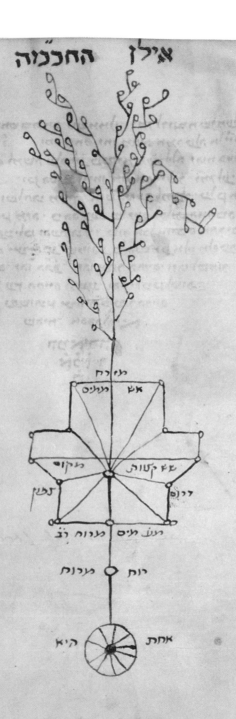

Theodor H. Nelson, sociologue (1937)
Sans titre, 1965

Theodor H. Nelson compte parmi les pionniers de la gestion de données numériques. En 1963, il invente les notions d'« hypertexte » et « hypermédia ».
« Dans mon premier article, publié en 1965, je présentais ce schéma – appelé aujourd'hui "architecture d'information" – pour une organisation de l'information personnelle. Personne ne le comprit. Je crois que si, à l'époque, cette idée avait été assimilée, le monde informatique ne serait pas dans le désordre où il se trouve aujourd'hui. Cependant, de nombreuses idées cohabitaient dans cet article – il introduisait également les mots *"hypertext"* et *"hypermedia"* – et avec du recul, je comprends pourquoi si peu d'entre elles furent comprises. […]
« L'illustration qui suit (il s'agit de la version originale et non pas de celle qu'ils imprimèrent, toute rectifiée pour adopter un look plus "technique") devait montrer la complexité des liens à laquelle l'utilisateur d'un ordinateur personnel devait faire face. Elle présente les interconnexions qui concernent un usager typique et académique – disons un historien (l'illustration prédit également la forme de l'email). »

Ted Nelson, *What's on my Mind*, The First Wearable Computer Conference, Fairfax VA, May 12-13, 1998, <http://www.xanadu.com.au/ted/zigzag/xybrap.html>.

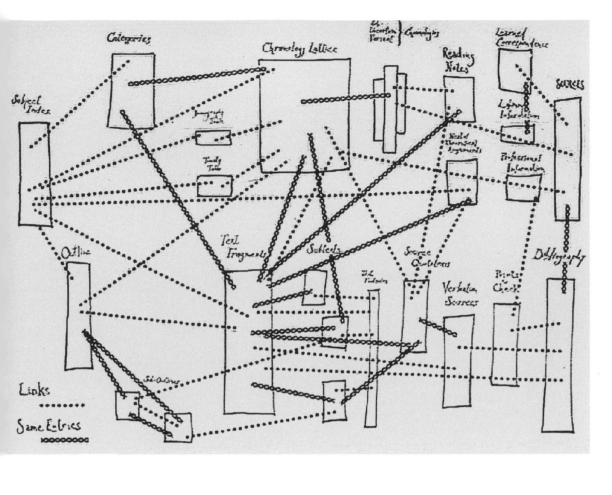

Categories

Chronology Lattice

Reading Notes

Learned Correspondence

SOURCES

Subject Index

Outline

Text Fragments

Subjects

Source Quotations

Bibliography

Verbatim Sources

Links

• • • • • • •

Same Entries

xxxxxxxx

Dziga Vertov, cinéaste (1896-1954)
Enthousiasme, 1930

En 1929, écarté des studios moscovites, Vertov
entreprend en Ukraine, au sein du studio de la
VUFKU, de réaliser l'un des premiers films sonores
soviétiques, *Enthousiasme*. Sous la forme d'un
schéma dont on connaît peu d'équivalents dans
la création soviétique, Vertov donne ici à voir les
rapports de force institutionnels et corporatifs
qui entourent son projet. On distingue clairement
les mots « persécutions », « chantage », « contre-
agitation », « harcèlement », légendant des figures
géométriques rappelant des obus dirigés vers le
quadrilatère central portant le titre du film.

Sur les côtés sont inscrits les principaux lieux où se
concentrent les attaques contre le film, ainsi que les
soutiens dont Vertov bénéficie : Moscou, Leningrad,
Kharkov et Kiev. Sur le pourtour, on lit : « Glavre-
pertkom » (nom de l'organisme de censure dont
dépend la sortie du film), « le grand homme Ch. »
associé à un signe « + » (il s'agit vraisemblablement
de l'un des principaux soutiens de Vertov, Kirill
Choutko, proche du comité central du parti) et, à
l'opposé : « le grand fonctionnaire Ch. » (probablement le directeur du studio de Sovkino, Konstantin
Chvedchikov, responsable de la mise à l'écart de Vertov), associé aux « éternels adversaires moscovites,
par principe, par inertie ou autre »…

Image déchiffrée par Valérie Pozner.

Archives RGALI, Moscou

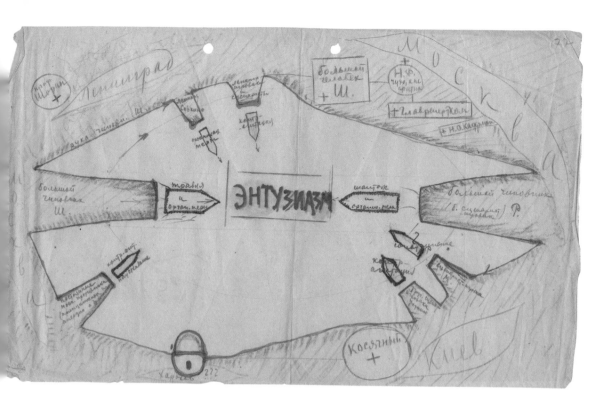

Anonyme
La Revanche. L'Allemagne avant 15 ans d'ici,
vers 1904

A la prison Saint-Paul de Lyon, entre 1843 et 1924, le médecin Alexandre Lacassagne encourage les prisonniers à livrer, par écrit, leurs sentiments, leur histoire, leur culture, leur réflexion. Il a collecté et conservé l'ensemble de ces documents à des fins scientifiques. Un prisonnier a ainsi imaginé l'encerclement de l'Allemagne dans les années 1920. « La prison fonctionne alors comme une véritable machine "graphomaniaque". »

Philippe Artières et Muriel Salle, *Papiers des bas-fonds.*
Archives d'un savant du crime, 1843-1924, Paris, Textuel, p. 68.

Bibliothèque municipale de Lyon

(61)

épée de Damoclès

Russie

Prusse

Lac

Lorraine

Champagne

Paris

mon choucrout Alsace
mon jambon Lorraine

France

France

France

France

France

français

Russie

Russie

Russie

Russie

Autriche

Italie

Franco-Russe

La Revanche!

L'Allemagne avant 15 ans d'ici!

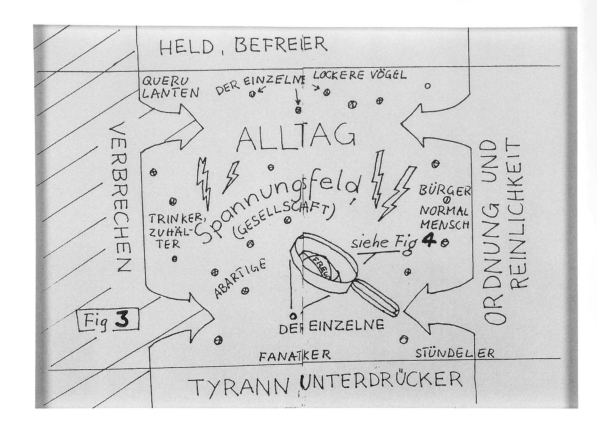

Peter Fischli, artiste (1952)
et **David Weiss**, artiste (1946)
Sans titre, 1981

A travers vidéos, installations, films, sculptures, Peter Fischli et David Weiss construisent depuis trente ans une œuvre inspirée du quotidien qui n'est pas sans rappeler les premiers films comiques muets.

Dans le film *Der rechte Weg*, réalisé en 1983, deux personnages, Rat et Bear, racontent leurs aventures tragicomiques au pays de l'art dans une société capitaliste. Accompagnant le film, des diagrammes aux titres improbables, *Ordnung und Reinlichkeit*, questionnent le rôle de l'artiste : « L'autobus circule-t-il toujours ? », « Ai-je des pellicules ? », « De quoi s'agit-il ? », « Une autre ère glaciaire ? », « Un autre verre ? », « Qui dirige la ville ? » Peter Fischli et David Weiss portent un regard facétieux sur la représentation diagrammatique célébrée par Joseph Beuys dans les années 1970.

Galerie Eva Presenhuber, Zurich

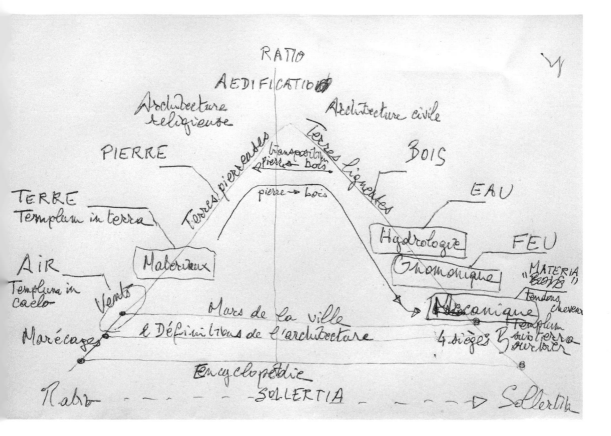

Bernard Cache, architecte (1958)
Sans titre, 2009

Bernard Cache, figure du courant de l'architecture non
standard, qui tente d'inscrire l'architecture numérique
dans une continuité historique, rassemble ici en une
image les douze volumes du traité *De Architectura* de
Vitruve (Ier siècle av. J.-C.).
« Vitruve conclut en montrant comment triompher des
machines sans machines, en perçant les murailles de
la cité pour noyer l'ennemi dans un mélange infâme
de matériaux : terre, eau, sable calciné et excrément
humain. Le *De Architectura* se conclurait-il sur une
ruine de l'encyclopédie du savoir technique ? »

Communiqué par Bernard Cache, septembre 2010.

Collection particulière

Alfred Korzybski, psycho-linguiste (1879-1950)
L'Anthropomètre, 1924, ou *Différentiel structurel*

Invité à un symposium à la New School of Social Research, New York, pour y donner une conférence devant les étudiants, Afred Korzybsky raconte : « [...] j'étais très anxieux de faire la démonstration de la différence de comportement entre la réaction de l'homme et disons, des chiens, des chats, ce que nous appelons habituellement des animaux. Je me battais avec moi-même sur la façon de faire comprendre cette différence fondamentale, et d'une certaine façon face au stress, à la pression – je pourrais même employer le mot stress émotionnel – de cette nécessité de rendre compte de ce que je souhaitais en un flash, j'eus l'idée d'un diagramme, connu sous le nom d'*Anthropomètre* que plus tard je changeai en *Différentiel structurel*. »

Alfred Korzybski, *Collected Writings,* 1920-1950,
Collected and Arranged by M. Kendig, Forth Worth,
Institute of General Semantics, 1990.

The Institute of General Semantics, Forth Worth

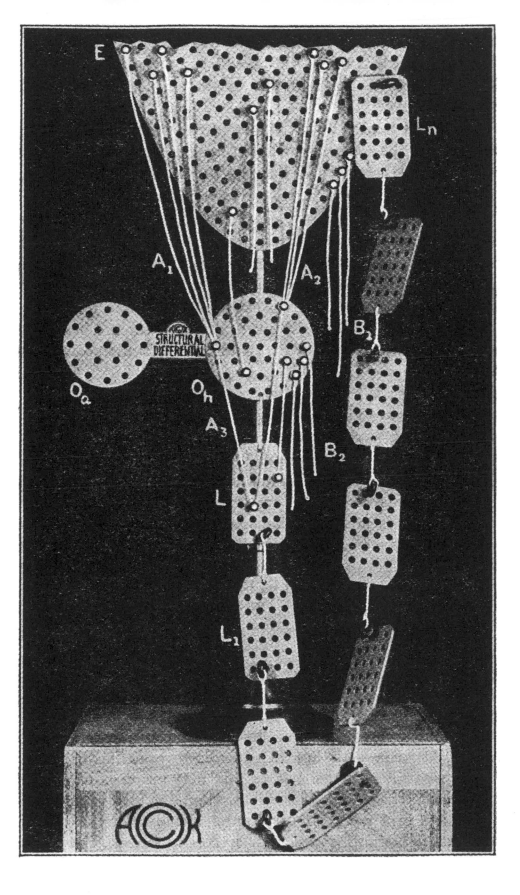

Joseph Beuys, artiste (1921-1986)
So kann die Parteiendiktatur überwunden werden!
(Voilà comment peut être vaincue la dictature
des partis !), non daté

Joseph Beuys, artiste allemand, aura fait de la pensée dessinée un axe central de son œuvre.

« C'est sûrement une pulsion générale des hommes, que de consigner, pour ainsi dire, les choses dans des produits. Je pourrais me figurer que beaucoup s'en tiennent, pour cette production, au moyen d'expression du langage, c'est-à-dire en restent à la parole. D'autres feraient peut-être de cette parole quelque chose de tout à fait matériel, un objet, en mettant le langage par écrit. Et ici on en est justement au point précis où, simplement par l'écriture sous forme de lettres, puis de concepts, puis de phrases, on élargit la saisie. C'est dans cette position d'élargissement du domaine du langage qu'on cherchera mon impulsion de base concernant l'activité du dessin. »

Hans van der Grinten et Joseph Beuys, « Dialogue », in Max Reithmann, *Joseph Beuys. La mort me tient en éveil*, Toulouse, Arpap, 1994, p. 20.

Tate, Londres

So kann die Parteiendiktatur überwunden werden!

KAPITAL

K

KAPITAL

K

als Beispiel
für Grundrechte
: wem sollen die
Produktionsmittel
gehören?

hier wirkt das Recht
in das freie unabhängige
in das Geistes leben hinein

hier ordnet das Recht
das assoziative Wirtschaftsleben

KAPITAL

frei
demokratisch
sozialistisch

Schulen
Hochschulen
Forschung
Kultur
Informationsebene
ect.

K

K

eine demokratischen Grundrechte

und behält sie dauernd unter Kontrolle

hier
entsteht
der Mehrwert
— oder das freie Kapital
welches immer
beim Volke bleibt

planetenhaft sich bewegt

nicht statisch wird
(beim „Staat" (Recht))
(Staatskapitalismus) Osten

und nicht statisch wird
(beim Privateigentümer)
(Privatkapitalismus) Westen

Auf diesem Wege bestimmt das Volk

Volksabstimmung

Staat = Volk   Alle   Jeder
freier   Demokratischer   Sozialismus

Jean-Christophe Averty, réalisateur (1928)
Sur 1 échiquier en surimpression filigranée les trois témoins oculistes à 64 cases, 1974

Propos échangés avec Marcel Duchamp en juillet 1966, lors du tournage d'un film sur Salvador Dalí. Découpage du *Surmâle*. *Roman moderne* d'Alfred Jarry.

Communiqué par Jean-Christophe Averty, octobre 2010.

Collection particulière

ETANT DONNES

QU'A CADAQUES

VOILA QUELQUE QUARANTE-QUATRE ANS

AU COURS DE L'ETE SOIXANTE-SIX

MARCEL DUCHAMP

UN BEAU MATIN

A LA TERRASSE

DE L'HOSTAL

ME MURMURA TOUT EN SOUFFLANT

SUR LA MOUSSE D'UN CHOCOLAT TROP CHAUD

J'AI VU VOTRE UBU L'AN PASSE

JE M'ATTENDAIS JE L'AVOUE AU PIRE

EH BIEN NON

AUCUN COMMENTAIRE

NE FILTRA

DES LEVRES MINCES

DE CELUI QUI AYANT MIS A NU

LA PEINTURLURE

LA DESOSSA FROIDEMENT MEME

CHUTE D'OS

SILENCE

UN SOURIRE A PEINE ESQUISSE

ET PUIS

AVEZ-VOUS LU LE SURMALE

OUI

RELISEZ-LE ET SONGEZ UN JOUR A BROYER L'ECRAN

DE CETTE TELEVISION PLUS AVEUGLE QU'UNE TAUPE

AUSSI FRAGILE QU'INSUPPORTABLE VITRINE

DISSIMULATRICE

DU NEANT

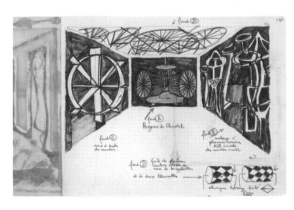

UN ECLAT DE VERRE EST UN ECLAT DE RIRE

VOUS Y ENFONCEREZ

LE BELIER D'UNE QUINTUPLETTE

ROULANT A PLEIN GAZ

LE DARD

ENFLAMME DE ROSES ROUGES

D'UNE LOCOMOTIVE

TRAVERSANT LA SIBERIE

LE CORPS DE LA MARIEE

ET L'OMBRE D'UN CYCLISTE

DROGUE JUSQU'A L'AMOUR

TOUJOURS VICTORIEUX

MOURIR EST UN ACTE SANS IMPORTANCE PUISQUE...

LES PIECES / PIEGES SONT EN PLACE. TRUCAGES & CIE.

LA PARTIE PEUT COMMENCER SUR L'ECHIQUIER DU SALON

DU CHATEAU DE LURANCE

Filippo Tommaso Marinetti, écrivain (1876-1944)
Futurismo, non daté

Futurismo de Filippo Marinetti est un travail de définition et d'historicisation du mouvement, qui utilise
une forme graphique coutumière de cette avant-garde,
la *Tavola parolibera* ou la table « mot-libriste ».
Il s'agit d'une technique scripturale et d'une forme
graphique libérées des entraves séculaires.

Bienecke Rare Book and Manuscript Library,
Yale University Library, New Haven

SURREALISMO

PURISMO

CUBISMO LETTERARIO

DADAISMO

ORFISMO

FUTURISMO

ULTRAISMO

SUPREMATISMO

COSTRUTTIVISMO

ESPRESSIONISMO

VORTICISMO
Dinamismo plastico inglese

RAGGISMO e CUBOFUTURISMO
Dinamismo colorista russo

MARINETTI - BOCCIONI - RUSSOLO - BALLA - S.ELIA

~~δυ Sogmε οτ tuk~~   26 ottobre 1963
                          sotto il Vajont

Un de mes rêves: je lisais et après je déchiffrais

l'iode, corrosion, Unruhe, instabilité, " violet„ en grec
(rayon violet de ses yeux?) - mais aussi 10 DIO,
déline d'apothéose ou choc maximum-minimum
les deux "termini a quibus„

I O D I O

Position centrale, équilibre (?)

O D I O

haine
mais aussi O, DIO,
désir
manque, amour in-
voquant (un de mes
livres est "Vocativo„)
Et après: ODIO qui enferme
DIO

D I O

Le "je-moi„ qui se dégage de l'enveloppe (de l'auréole) DIO

I O

O = 1

nom de Dieu en Dante (Parad. XXVI) pour Adam
symbole de l'iode
le "je„ (en anglais)

Zéro
mais aussi le
cercle total de
la réalité

À remarquer : 1 la lecture des deux cathètes et de l'hypoténuse
2 la forme graphique des lettres est toujours un
segment de droite ou le cercle ou la droite
qui coupe en deux (barre) le cercle (D).
Est-ce que D est de quelque manière le
"grand signifiant barré„ qui a part au
nihil (moitié invisible) et au réel (moitié visible)?
(Lacan)

etc. u.s.w. κ.τ.λ.

Andrea Z.

Andrea Zanzotto, poète (1921)
Microfilm, 1963

Comme dans certains de ses écrits, Zanzotto a ajouté
une note à son texte : « Il s'agit là non d'une invention (et moins encore d'un poème) mais de la simple
transcription, si tant est qu'elle soit possible, d'un
rêve incluant son propre commentaire et, peut-être,
de nombreux autres éléments. »

Andrea Zanzotto, *Du Paysage à l'Idiome, anthologie
poétique*, 1951-1986, p. 129 et 301. Traduction de l'italien
et présentation par Philippe Di Meo.

Collection UNESCO d'œuvres représentatives,
Maurice Nadeau / Editions UNESCO, 1994
pour la traduction française.

Pierre Pairault
alias **Stefan Wul**, romancier (1922-2003)
Sans titre, non daté

Page d'un manuscrit de l'ultime texte de Stefan Wul, *Noô*, opéra de l'espace et roman initiatique, condensé de « noômologie » (du grec *noil*, « penser », et *zômos*, « brouet »). Elle évoque la vie psychique formée par des « noons » : « Myers suppose qu'un flux n-actif porte des corpuscules de psychisme, qu'il baptise "noons". Ces noons peuvent être soit libres, soit groupés en architectures plus ou moins compliquées. Le monde psychique serait alors décomposable en diverses formations noomiques figurées dans le spectre suivant […] »

Pierre Pairault *alias* Stefan Wul, *Condensé de noômologie*, cahier 1, feuillet 40.

Bibliothèque nationale de France, Paris

Cédric Villani, mathématicien (1973)
Sans titre, 2009

« Face à un nouveau problème de mathématiques, l'écriture et le dessin aident à canaliser, à fixer et à mettre en forme les idées vagues et fugitives. Dans ce document de travail, j'explore des pistes pour résoudre un problème qui mélange géométrie, analyse et probabilités : il s'agit, en termes techniques, de détecter la courbure de Ricci au travers de la courbure du cône associé à un espace métrique mesuré, en examinant le comportement de certaines intégrales non linéaires de la densité le long de trajectoires minimisant l'action. Ceci est un prolongement de mes travaux sur la géométrie des espaces métriques non lisses, en collaboration avec John Lott (2009). L'apparente complexité de la page n'est qu'un pâle reflet des idées qui s'entrechoquent quand on est plongé corps et âme dans un problème – un des moments les plus intenses de la vie d'un chercheur. »

Communiqué par Cédric Villani, octobre 2010.

Institut Henri Poincaré, Paris

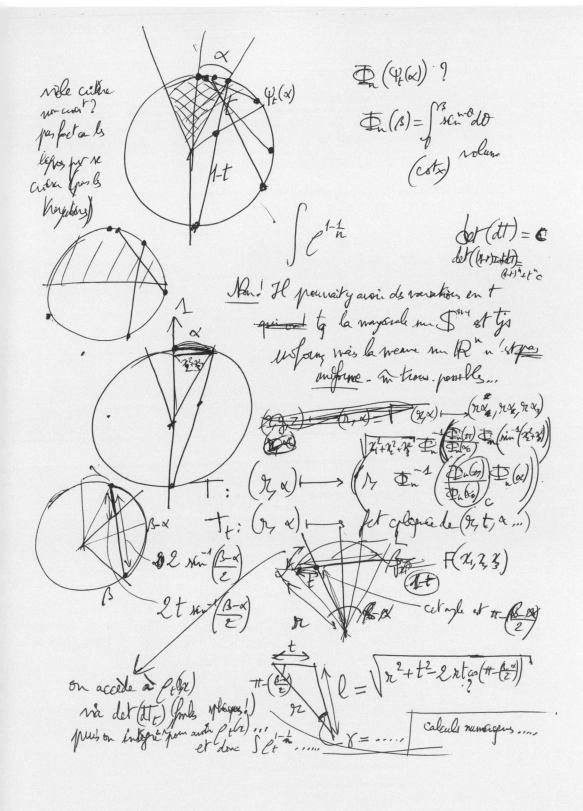

α

$\psi_t(\alpha)$

$1-t$

vole critère
ne croit ?
pas fort au ls
lignes par se
croise (pas la
Krysin))

$\Phi_n(\psi_t(\alpha))$?

$\Phi_n(\beta) = \int^\beta \sin^{n-2}\theta \, d\theta$

$(\cot x)$ volume

$\int \ell^{1-\frac{1}{n}}$

$\det(dT) = c$

$\det((1+t)Id+dT) = (1+t)^n t^? c$

1

α
$\frac{x_2^2+x_3^2}{x_1}$

Non! Il pourrait avoir des variations en t
tq la moyenne sur S^{n-1} et tjs
restons près la mesure sur $\mathbb{R}^n$ n'est pas
uniforme - on trouve possible...

$(x) \longmapsto (x\frac{\alpha}{4}, x x_2, x x_3)$

$\sqrt{x_1^2+x_2^2+x_3^2} \ \frac{\Phi_n(\beta)}{\Phi_n(\alpha)} \ \Phi_n(\sin^{-1}(x_2^2+x_3^2))$

$T: (r, \alpha) \longmapsto \left(r, \ \Phi_n^{-1}\left(\frac{\Phi_n(\beta)}{\Phi_n(\alpha)}\right) \Phi_n(\alpha) \right)_c$

$\beta - \alpha$

$T_t: (r, \alpha) \longmapsto$ fct cplquée de $(r, t, \alpha \dots)$

$2\sin^{-1}\left(\frac{\beta-\alpha}{2}\right)$

β

$2t\sin^{-1}\left(\frac{\beta-\alpha}{2}\right)$

$F(x_1, x_2, x_3)$

$1-t$

cet angle et $\pi - \frac{\beta-\alpha}{2}$

r

on accède à $\rho_t(x)$
via $\det(dT_t)$ (fmls pliques!)
puis on intègre pour avoir $\rho_t(x) \dots$
et donc $\int \ell_t^{1-\frac{1}{n}} \dots$

$\pi - \left(\frac{\beta-\alpha}{2}\right)$

t

r

$l = \sqrt{r^2+t^2-2rt\cos\left(\pi-\left(\frac{\beta-\alpha}{2}\right)\right)}$

$r = \dots\dots$ Calculs numériques ....

Merce Cunningham, chorégraphe (1919-2009)
Sans titre, 1952, chorégraphie pour *Suite by Chance*

Merce Cunningham bouleverse la danse en repensant de façon aléatoire l'espace, le temps, la durée. *Suite by Chance* lui a, semble-t-il, été inspiré alors qu'il regardait de sa fenêtre les allées et venues des piétons. « *Suite by Chance* est une danse très élaborée, la première complètement composée par le jeu de hasard. Elle a encore quatre parties de forme assez classique […]. Cela mis à part, tout était soumis à la chance. J'avais donc établi une série de listes pour tout, espace, temps, positions, et la danse a été construite pour quatre danseurs en allant d'une de ces listes à l'autre. »

Merce Cunningham, *Le Danseur et la Danse*, entretiens avec Jacqueline Lesschaeve, Paris, Belfond, 1980, p. 111.

Merce Cunningham Dance Company, New York

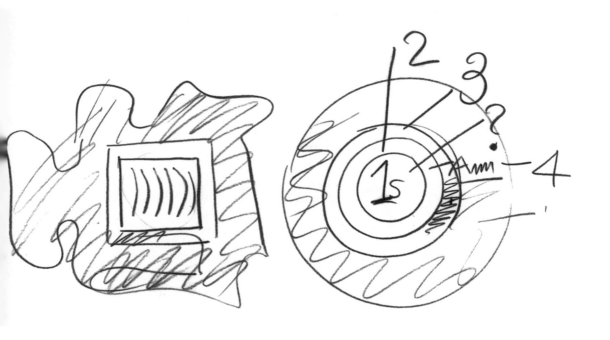

Louis I. Kahn, architecte (1901-1974)
Sans titre, non daté

Diagramme préparatoire à l'édification, entre 1959 et 1967, de l'église unitarienne de Rochester (États-Unis).

« Je commençais par dessiner un diagramme qui devait servir de dessin de l'*idéalité formelle* pour l'église et bien sûr, ne voulait pas suggérer le projet. […] Disons que dans mon idée ce devait être un sanctuaire. Je l'entourai d'un déambulatoire pour ceux qui ne désiraient pas entrer dans le sanctuaire. Autour du déambulatoire, je dessinai une galerie qui appartenait à un cercle extérieur enfermant un espace, l'école. »

Louis I. Kahn, *Silence et Lumière*, Paris, Linteau, 1996, p. 194.

Louis I. Kahn Collection, The University of Pennsylvania and the Pennsylvania Historical and Museum Commission, Philadelphie

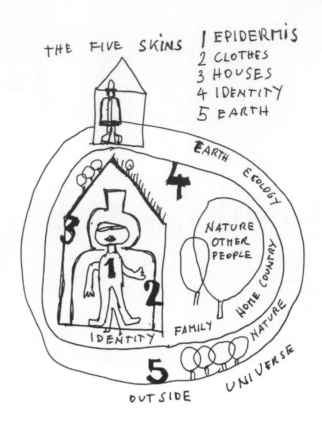

THE FIVE SKINS
1 EPIDERMIS
2 CLOTHES
3 HOUSES
4 IDENTITY
5 EARTH

EARTH ECOLOGY

NATURE OTHER PEOPLE

HOME COUNTRY

NATURE

3

4

1

2

IDENTITY

FAMILY

5

UNIVERSE

OUTSIDE

Friedensreich Hundertwasser, peintre et architecte
(1928-2000)
The Five Skins, 1998

Friedensreich Hundertwasser développa, tout au long
de son œuvre, une vision du rapport de l'homme à
la réalité extérieure symbolisée par trois enveloppes
– appelées « peaux » –, trois niveaux de conscience
successifs. Son biographe, Pierre Restany, lui fait
prendre conscience de la présence, dans son œuvre,
de deux peaux supplémentaires : l'identité et la terre.

Hundertwasser Archive, Vienne

Thomas Geve, écolier (1930)
Desenfektion, 1947

En 1943, Thomas Geve, alors âgé de treize ans, est déporté à Auschwitz avec sa mère. Sur le point d'être libéré, l'adolescent parvient à se procurer quelques crayons et du papier. « C'est là que je réalisai une série de soixante-dix-neuf dessins miniaturisés en couleur, de la taille d'une carte postale, censés expliquer les divers aspects de la vie concentrationnaire. Je les fis essentiellement dans le but de raconter à mon père la situation telle qu'elle avait réellement existé. »

Thomas Geve, *Il n'y a plus d'enfants ici*, Paris, Jean-Claude Gawsewitch, 2009, p. 13.

Yad Vashem Art Museum, Jérusalem

Raymond Queneau, romancier (1903-1976)
Sans titre, 1945

Raymond Queneau projette, au verso d'une feuille de programme de l'année 1945 des cours Saint-Jacques, les intentions d'une galerie d'art qui aurait porté le nom de galerie L'Œil.

Collection particulière

1°. Nom de la Galerie — Galerie L'FILL

0) éliminés 100/100 — Bischia.

2°. Artistes éliminés — α) la bande Drouin — Hinfort, Robin, Le Moal, Tailleur,

β) — Salon de France — Tal Coat, Dubuffet, Pignon... en

γ) — Carré — Estève — Bezot — Lapicque — Belgaine

Rédemptions possibles : Tal Coat. Pignon. Estève. Bezot — ... etc. etc.

rédimés : δ) — Roux Heinkel / Marchand — Gruber

ε) — Mme Brucher... Miró — Tanguy — Max Ernst (?)

Deschelotte...

Leiris Lanoux — Kermadec Beaudin...

Picasso — Léger — Klee — Braque... ???

KLEE de la PEINTURE

Suite V.C.D.L.

Au Salon de...

Lascaux
Kermadec
Prasinos
Delvaux

Marchand Gruber

.G. Prasinos
Colette Bréze
Françoise Gillot
Leonardo ??
Lagrange ??
Gruber.

Action ?

Lascot

Prasinos
Marchand
Picasso

TANGUY

DELVAUX

TANGUY

À LA PERSPECTIVE

Walter Benjamin, philosophe (1895-1942)
Sans titre, 17 mai 1937

Walter Benjamin était très sensible à la disposition graphique de ses écrits, créant par la diversité des formes et leur structure un monde où l'écrit parlerait à l'œil « comme une image du texte ». Le diagramme de la rose des vents porte comme mention : « Pour Marietta Noeggerath San Antonio, Ibiza, 17 mai, 1932 ».

« Voilà la rose des vents qui détermine les vents, bons et contraires, qui se jouent de l'existence humaine.

« Il ne reste qu'à déterminer son centre, le point d'intersection des axes, le lieu de complète indifférence du succès et de l'insuccès. En ce centre Don Quichotte est chez lui, *l'homme d'une seule conviction*, dont l'histoire apprend que, dans ce meilleur ou ce plus mauvais des mondes pensables, la conviction – seulement elle n'est justement pas pensable – qu'est vrai ce qui se trouve dans les livres de chevalerie donne la félicité à un bouffon battu pourvu qu'elle soit sa seule condition. »

Walter Benjamin, *Images de pensée*, Paris, Christian Bourgois, 2001, p. 192. Traduit de l'allemand par J.-F. Poirier et J. Lacoste.

Walter Benjamin Archives, Akademie der Künste, Berlin

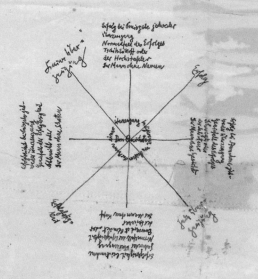

65/110/6

2033

Paul Otlet, juriste (1868-1944)
La Documentation personnelle. Analyse et synthèse,
1934

Fondateur du Mundaneum à Mons (Belgique), Paul Otlet avait pour ambition de classer tous les savoirs du monde.

« Je constate qu'il me faut dessiner certaines idées, certains graphismes. Et c'est de la tête que je fais le mouvement qui les dessine : un cercle, un triangle, une ligne. C'est la continuation du mouvement qui me fait parler mentalement. J'articule mentalement et quand il n'y a plus à parler mais à dessiner, je dessine de la tête et de la mâchoire. »

Paul Otlet, cité par Françoise Levie,
L'Homme qui voulait classer le monde.
Paul Otlet et le Mundaneum, Bruxelles,
Les Impressions nouvelles, 2006, p. 281.

Mundaneum, Mons.

LA DOCUMENTATION PERSONNELLE
ANALYSE ET SYNTHÈSE

002.423
1944 03
Janvier
D. N° 362.

1 — L'Homme comme acteur acteur en face de Documts (C. S. A)

2 — Le milieu de l'Homme — Le cercle de la Vie
1 Indiv.
2 Régime
3 intellectuel
4 polit.
5 Social
6 économiq
7 Santé
8 Nature

3 — Le MONDE

Les 3 sortes de Documentation
- Scientifiq.
- Culturel
- Administ.
- MIXTE

4 — Vêtement — Carnet AGENDA — Portefeuille — Serviette (calepin) — montre — bourse — clé — Ce que porte la personne

PRINCIPES
1. L'homme (connaissance, sentiment actuelle) avec les besoins qui constituent sa vie et auxquel il importe qu'il donne Satisfaction
2. En place dans un milieu avec lequel s'établit des ordres de relation classable en 10 classes
3. Les quelles s'opèrent se plus ou fin à l'interne de document: qu'il reçoit ou qu'il envoie
4. Et qu'il importe d'organiser en « Documentation Personnelle »

1. LE DOCUMENT
2. EN COLLECTION
3. EN SON ORGANISME DOCUMENT
4. DANS LE RÉSEAU

9 — CLASSIFICATION

Matière			
0			
1			
2			
3			
4			
5			
6			
7			
8			
9			

5 — LES FAITS:
1. Les faits du travail
2. Les faits de sa propre vie, économique, juridique, politique, administr.
3. Les faits d'ordres généraux (culturels)

8 — MONDOTHEQUE

7 — CHAMBRE DE TRAVAIL — LE STUDIO.

6 — TABLE DE TRAVAIL

Alfred H. Barr, historien de l'art (1902-1981)
Sans titre, 1936

Alfred H. Barr, directeur et fondateur du musée
d'Art moderne de New York, déchiffre les courants
et contre-courants de l'art moderne. Le dessin préfi-
gure la jaquette du catalogue de l'exposition de 1936
« Cubism and Abstract Art », que l'historien retra-
vailla de nombreuses fois sans jamais le considérer
comme définitif.

The Museum of Modern Art, New York

Japanese prints

1840

van Gogh

SYNTHETISM
Paris   Gauguin p.
         Serusier
         Denis

a = architecture
p = painters
s = sculptors
c = construction
t = theatre

ph. photograph

Cézanne

NEO IMPRESSIONISM
Paris   Seurat
Signac   Signac   1890

1895   1895

1900   1900

Near Eastern
art   Rousseau

FAUVISM
Paris   Matisse p.
         Derain p.

Negro
Sculpture

1905   1905

ABSTRACT
EXPRESSIONISM
Munich   Kandinsky p.
         Klee p.
         Marc p.

CUBISM
Paris   Picasso p. s.
         Braque p.
         Gris p. Léger p.

Duchamp p.
Archipenko s.
Duchamp-Villon s.

Machine
Esthetic   1910

1910

FUTURISM
         Boccioni p. Milan
         Balla p. Carrà p.
         Severini p.
         Sant'Elia (a)

Brancusi s.

ORPHISM
Delaunay p.
Villon p.

SUPREM-
ATISM
Moscow
Malevitch p.
Rodchenko p.

1913   1913

Machine
Esthetic

CONSTRUCTIVISM
Russia   Tatlin c
         Pevsner c
         Gabo c
         Rodchenko 1920
         Vesnine

ABSTRACT
DADAISM
France Duchamp p.
Germany Picabia
         Arp p. Ernst p.
         Man Ray ph.
         Schwitters

PURISM
Paris   Corbusier a. p.
         Ozenfant p.
         Léger p.

DE STIJL and
NEO-PLASTICISM
Holland Doesburg a.
         Mondrian p.
         Oud a.

Lissitzky ph.

1920   1920

BAUHAUS
Germany
         Gropius (a)
         Moholy-Nagy p. c. ph.
         Schlemmer p. t. s.

ABSTRACT
SURREALISM
Paris   Picasso p. s
         Ernst p.
         Miro p. Arp. s
         Masson p.
         Man Ray ph.

1925   1925

1930   1930

Contemporary
Paris, Switz., London, Barcelona
BIOMORPHIC ABSTRACT ART

Contemporary
Paris, London, Berlin, Prague, Barcelona, Milan
and GEOMETRIC ABSTRACT ART Hanover

Henri Langlois, conservateur (1914-1977)
Sans titre, 1934

Pour sauver les films de la destruction ou de la vente,
Henri Langlois propose la création de la Cinémathèque française, dont il prendra la direction.
« Il existe des cinémathèques actives à Berlin, New
York, à Londres, à Amsterdam et à Moscou. Il n'en
existait pas à Paris. Et quotidiennement des copies
[de films] étaient vendues au poids à la fonte par les
maisons éditrices. Il devenait même de plus en plus
difficile de récupérer les vieux négatifs. Il fallait ab-
solument mettre fin à cette carence et organiser d'urgence une cinémathèque qui prendrait soin et recueil-
lerait les films appartenant à l'historique du cinéma,
[…] tous ceux qui par leur valeur propre, pourront
compter parmi les classiques du septième art. »

Henri Langlois, *La Cinématographie française*,
26 septembre 1936, n° 934.

La Cinémathèque française, Paris

Films du crédit national

Films de la Cinémathèque Scientifique le foal

Cinémathèque Pédagogiques

Cinémathèque du S.C.A de l'air de la marine

Cinémathèque des différents services ministériels.

Laboratoire de Restauration

autres films de la

Bibliothèque nationale

dépôt légal

Cinémathèques Int Inspection Régions

Cinémathèques

échangées

F I A F

circulation

B I F H C Information

Fonds International des F.I.A.F collection

Films de la C.F.

Bibliothèque Documentaire photothèque

ennoblissement Archives du théâtre Mémoire du Monde

BIFI

Fichier

Filmographique

Laboratoire photo

Laboratoire image

série Mo F° Pierre propagande

National

dépôt général et légal

Service de Restauration

échanges d'expositions

MUSEE DU CINEMA

Salle de lecture

Expositions temporaires

Salle de Repertoire

Salle de Vision

Recherches Historiques

École du Louvre du Cinéma

Bulletins et publications de la commission de Recherches Historiques

Séances et galas de propagande

Cercle du Cinéma

Annuaire de la C.F

programmes matériels

Collaboration avec presse et édition spécialisée

collaboration avec les écoles professionnelles

collaboration avec les Ciné club

Paul Ricœur, philosophe (1913-2005)
Sans titre, 1957

« Sur une page d'écolier, Paul Ricœur, qui vient de l'Université de Strasbourg pour donner son premier cours à la Sorbonne, prépare une leçon sur "Le Jugement", largement consacrée à Kant. Mais il trouve dans la psychologie de la forme, la *Gestalttheorie*, l'idée que la perception est déjà structurée par des formes prégnantes. Que se passe-t-il quand on cherche la somme des angles d'un polygone ? On doit faire le détour de déconstructions et de reconstructions qui font voir ce que la figure ne montrait pas. Il y a ainsi tout un travail de visualisation par l'imagination, qui permet de saisir une règle à l'occasion d'un exemple. »

Communiqué par Olivier Abel, président du conseil scientifique du Fonds Ricœur, octobre 2010.

Fonds Ricœur, Faculté de théologie protestante, Paris

Rempler clôture pr. faire apparaître une figure qui symbolise la propriété. à savoir espace rectangulaire.

~~Remcentrer et espace rectangulaire et établir~~

Faire apparaître un angle de rotation susceptible à être oblitéré parce qu'il ne laisse pas s'ajouter à les angles fixés.

Regrouper tous les angles de rotation en un unique espace rectangulaire. Et ainsi compléter une figure.

Reconnaître que cette mesure d'angles de rotation peut s'ajouter ou se soustraire suivant qu'on considère le nombre les angles est de de ces angles internes. Oblitération sup. même à la précédente : puisqu'on n'a compté les angles adjacents.

Mais on voit que toutes les restructurations de la figure, ne sont pas les perceptions de forme, mais les illustrations de règles de une perception : ce que M. a appelé Banptilleng et Werkanschauung.

Voir les angles oblitérables dans une forme close — la restructuration a consisté à faire coïncider le figure avec la règle en constituant l'intuitivité de la règle de telle façon que le polygone soit de fig. perçue buissurse fig perçue et que la règle demeure lui immanente de une figure.

C'est alors non une propriété de la perception, mais de l'imagin. n.... de concevoir subsomption de la perception et la voir la règle et applic. de la règle à la perception.

Or c'est cela le jugement : moins une construc. de concepts qui la soumis à une règle ds. vu ces. L'avantage des prob. c'est que cette subsomption est rétablie : il faut la construire et la montrer dans une construction ostensive.

Andrei Belyj, romancier et poète (1880-1934)
Spirale sur le plan et dans l'espace, 1920

La forme spirale possède, pour l'école symboliste russe dont Andrei Belyj est l'une des figures, une forte charge poétique et mythique.
« La spirale est la ligne la plus simple du flux de la pensée. » La spirale « provient du point. Elle s'étire au-delà de la ligne circulaire, que la ligne de l'axe (la droite) encercle. La spirale est une ligne circulaire : il y a en elle évolution aussi bien que dogme : elle est l'ensemble des projections du cône aux lignes encerclantes qui tombent verticalement sur le plan ».

Andrei Belyj, « Krizis iskusstva » [1920], in *Simvolizm kak miroponimanie*, traduit par Audrey Van de Sandt, *Genesis,* n° 24, 2004, p. 110.

Russian State Library, Moscou

Page ci-contre, en haut :
Vue de la spirale depuis le côté gauche du cône
Page ci-contre, en bas :
Vue de la spirale dans le plan du cône de révolution
(dans la perspective)

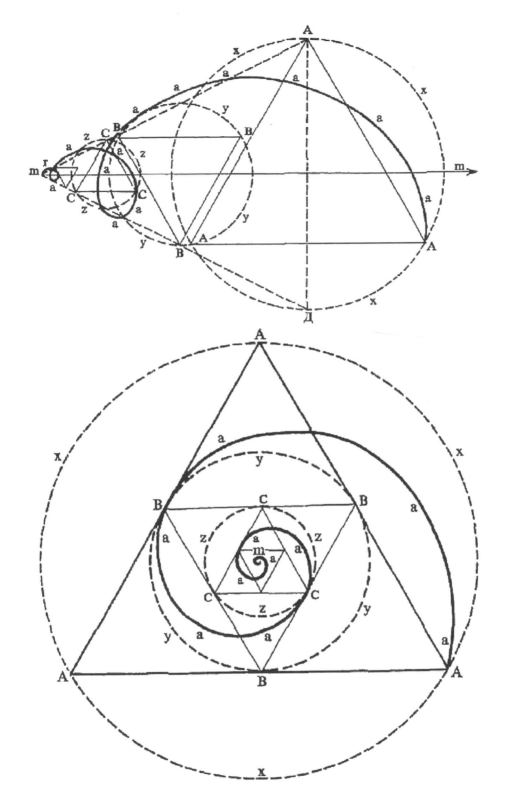

Jean Louis Rodolphe Agassiz,
zoologiste (1807-1873)
et **Augustus Addison Gould**,
zoologiste (1805-1866)
Ecorce terrestre dans son rapport avec la zoologie, 1851

Schéma en frontispice de l'ouvrage *Principles of Zoology,* un modèle parmi les représentations circulaires de la théorie de l'évolution au XIXe siècle.

Le diagramme *Ecorce terrestre dans son rapport avec la zoologie* dessiné par Agassiz et Gould est une histoire de la vie inspirée par un plan divin. Le noyau est éclaté en quatre archétypes d'où rayonne une organisation animale en trois sphères creusant des passages à travers les temps historiques. L'homme apparaît tardivement comme l'achèvement qui couronne la création.

Ernst Mayr Library of the Museum of Comparative Zoology, Harvard University, Cambridge

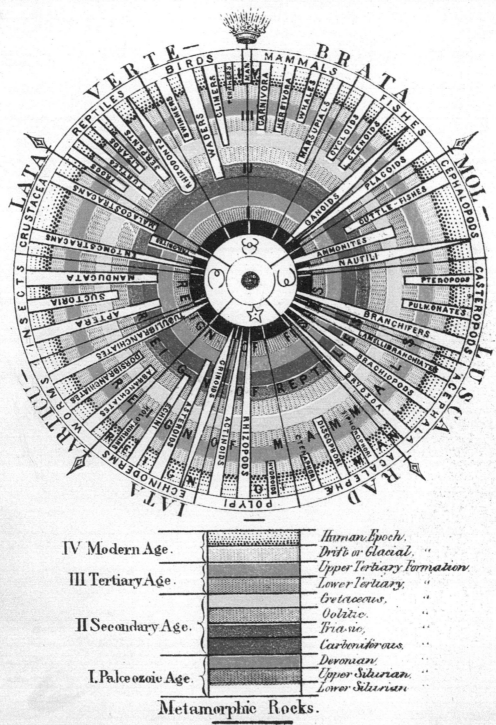

IV Modern Age.	Human Epoch.
	Drift or Glacial. "
III Tertiary Age.	Upper Tertiary Formation.
	Lower Tertiary. "
	Cretaceous. "
II Secondary Age.	Oolitic. "
	Triasic. "
	Carboniferous. "
I. Palæozoic Age.	Devonian. "
	Upper Silurian. "
	Lower Silurian "

Metamorphic Rocks.

CRUST OF THE EARTH AS RELATED TO ZOOLOGY.

Paul Klee, artiste (1879-1940)
Sans titre, 1922

En 1921, Paul Klee est invité à rejoindre le Bauhaus
de Weimar (République de Weimar) pour enseigner le
dessin. Il arrive dans une période de tension, au cours
de laquelle l'école repense sa pédagogie. Paul Klee
dessine alors une organisation possible de l'école.

Bauhaus-Archiv, Berlin

Propaganda
Verlag

Vorlehre

Kompositions lehre

Farblehre   Stein   Holz   Graphiklehre

Ton   Bau und Bühne   Metall

Naturstudium   Stoffstudium

glas   Farbe

Web stoffe

Konstructions lehre   Material= und Werkzeuglehre

Vorlehre

Vorlehre

Anonyme
Sans titre, 1893
D'après **Lars Vig**, pasteur protestant (1875-1903)

Attaché à la Mission norvégienne installée à Madagascar dans la région d'Antsirabe, le pasteur Lars Vig
étudie en ethnologue les pratiques religieuses malgaches.
« Un vieux devin païen s'était installé nuit et jour, une
semaine durant, sur le tombeau de ses ancêtres, et y
avait eu commerce avec les esprits qui se manifes-
taient en lui. Je reçus de lui un dessin qui devait représenter les règles à suivre dans une des cérémonies des
plus usuelles, appelée Faditra. Elle comporte aussi un
peu d'astrologie, dans la mesure où celle-ci est liée
au Faditra. »

Lars Vig, *Les Conceptions religieuses des anciens Malgaches*
[1893], Tananarive, Imprimerie catholique, 1973, p. 15.

Mission Archives, School of Mission and Theology,
Stavanger, Norway. Collection A-1060 Norwegian Mission
Society, Madagascar

til det engelske season, den heileilige tid for en handling.

Skalaver og betsileo bruker meget ordet "andro" dag istden for vintara.

Maanederne er i det indre af Madagaskar opkaldt efter betegnet med "arabiske navne på stjernebilledderne i dyrekredsen. (Man har dog gr.i, f. ex.: Betsileo, andre rene gaecki navne på maanedene).

For at ha oversigt over maaneder og dage (med de dem tilhörende skjebner) haver man sig en slags almanak på husets vægge

Adijadys : ende 24
Asolumen 23
grät 22
("Stenbukken")

Adalos (Vandmanden)
mund — treklel
gred 25 26

Alohotsys (Fiskene)
mund — bakdel
27 28

1 Alahamadys mund
2 forda,Bming
3 ende
("sviedderen")

Alakaosys bakdel 21
do mund 20
(Skytten, eg. Buen)

4 Cedaoros horn
5 bakdel
("Tyren")

Alakarabos bakdel 19
do mund 18
(Skorpionen)

6 Adijaovas blad
7 do frugtbarhet
("Tvillingerne")

Adimizanas ende 17
do oplöften 16
(Alakaovos) mund 15
("vægten")

14 13
Asombolas:
bakdel — mund

12 11
Alahasatys
Bakdel — mund
& (Löven)

8 Asorotanys mund
9 sammenforening
10 afrystens
("Kræbsen")

De forskjellige maaneder med deres skjebner ble anbragt ved husets forskjellige stolper i samme orden som de tilsvarende tegn i dyrekredsen fra öst mod vest.

Man begynder med alahamady som befinder sig ved hjörnestolpen i det hellige hjörne (det nordostlige).

Iannis Xenakis, compositeur (1922-2001)
Sans titre, 1959

« Rétrospectivement, je pense qu'il était très naturel pour moi de dessiner. Parfois je dessinais et mes dessins représentaient des symboles musicaux. Je connaissais le solfège traditionnel, mais une certaine liberté d'esprit ne peut arriver de cette façon. J'étais persuadé qu'on pouvait inventer une autre façon d'écrire la musique. Je commençais par imaginer le phénomène du son, à l'aide de dessin. »

Iannis Xenakis, « Si Dieu existait, il serait bricoleur », entretien avec Anne et Pascal Dusapin, *Le Monde de la musique*, n° 11, 1979.

Bibliothèque nationale de France, Paris

1 - II - 59

Essai sur E — expérience

4/20 = 0,20
6/20 = 0,30
0 = 0,00
2/20 = 0,10
3/20 = 0,15
2/20 = 0,10
2/20 = 0,10
1/20 = 0,05
———
1,00

Essai sur A — expérience

0/20 = 0,00
0/20 = 0,00
1/20 = 0,05
5/20 = 0,25
0/20 = 0,00
1/20 = 0,05
4/20 = 0,20
9/20 = 0,45
———
1,00

Protocole à l'équilibre. methode experimentale

fo fo   f1   fo   f1   fo f1 fo f1 fo f1 fo

Théor. moyen									
0,17	0,15	8	0,27	5	0,17	5	5	0,16	0,20
0,13	0,15	5	0,17	5	0,17	4	4	0,20	0,10
0,13	0,09	1	0,033	1	0,033	4	4	0,10	0,24
0,11	0,16	8	0,27	4	0,13	3	4	0,20	0,16
0,14	0,14	0	0		0,23	4	4	0,10	0,10
0,12	0,15	1	0,033	3	0,10	4	3	0,10	0,07
0,10	0,07	3	0,100	3	0,10	3	3	0,10	0,07
0,10	0,09	4	0,13	2	0,07	3	3	0,00	0,07
	1,00					30			

Katharina, artiste (vers 1910 – ?)
Sans titre, 1965

Dans ce dessin, l'artiste de l'art brut Katharina « se
sert précisément de la nomination anatomique […]
pour nous donner à voir le corps quadrillé et découpé
par les fils du langage, recomposé et étalé comme un
texte sur la feuille de papier. […] La feuille comme
surface libidinale, et le corps comme espace d'ins-
cription, se rejoignent et s'indissocient dans l'unité
d'un plan endoscopique, sans repli ni revers, texte
corporel […] ayant enfin trouvé son alphabet. »

Michel Thévoz, « Katharina », in *L'Art Brut,* n° 10,
Lausanne, 1977.

Collection de l'Art Brut, Lausanne

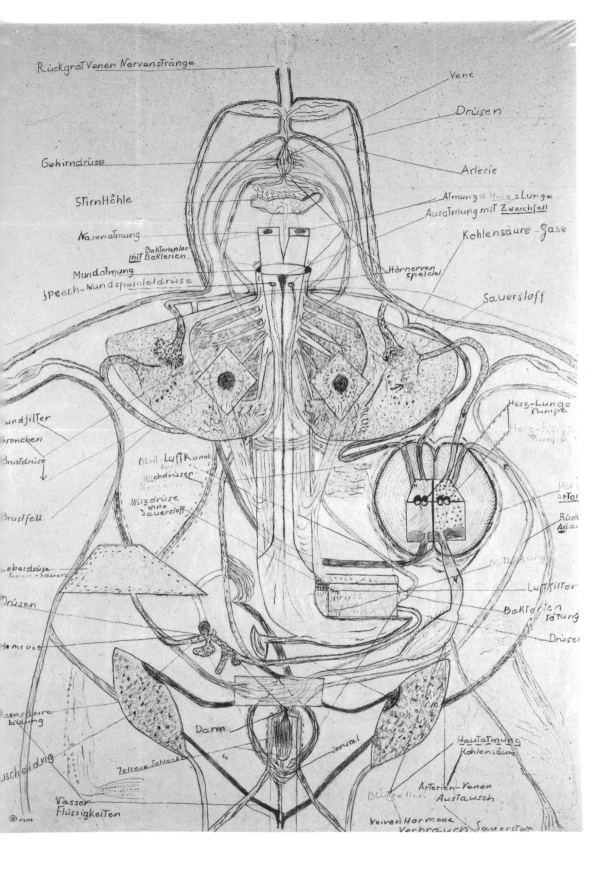

Vladimir Nabokov, romancier (1899-1977)
Schéma de la relation Jekyll-Hyde dans *Le Cas étrange
du Dr Jekyll et de M. Hyde* de Robert Louis Stevenson,
1950

Entre 1941 et 1958, Vladimir Nabokov enseigne la
littérature européenne dans plusieurs universités
américaines. « Dans toute ma carrière universitaire,
je me suis efforcé de fournir aux étudiants en littérature une somme d'informations exactes sur les
détails, les combinaisons de détails d'où jaillit l'étin-
celle sensuelle sans laquelle une œuvre n'est qu'une
œuvre morte. […] Les croquis sont là d'une aide pré-
cieuse. Au lieu de continuer à colporter les préten-
tieuses absurdités de titres de chapitres homériques,
chromatiques et physiologiques, les professeurs
feraient mieux de préparer un plan de Dublin où soit
clairement indiqué le tracé des itinéraires entrelacés
de Bloom et de Stephen. […] Et si la façade de la
maison du docteur Jekyll n'est pas clairement rebâ-
tie dans l'esprit de l'étudiant, il ne peut parfaitement
savourer le récit de Stevenson. »

Vladimir Nabokov, *Littératures*, Robert Laffont, 2009, p. 8-9.
Librairie Arthème Fayard, 1983, pour la traduction française.

Henry W. and Albert A. Berg Collection of English
and American Literature, The New York Public Library,
Astor, Lenox and Tilden Foundations

Henry Jekyll ('Read p.8)   ⟶ Edward Hyde
(Kang)
Big ~~Reeeesy~~ Jerylle   Small Hyde

ПОПОП

combine these two on board

but if you look close you see that within
this big luminous, pleasantly tweedy Jekylle that
are scattered rudiments of evil

When the magic drug starts to work — a concentration (dark)
of this. evil begins forming the dark thing:

and this is projected/ejected as

but if you look closely at Hyde you will
notice that above him float aghast, but
dominating, a residue of Jekyll, a kind of
smoke-ring
or halo

combine on board ⟶

as if this black concentrated evil
had fallen out of the remaining ring of good
but it still remains; Hyde still wants to change back
revert to Jekyll — this is the significant point.

Peter Rice, ingénieur (1935-1992)
Croquis du principe de réflexion de la lumière
de la lune sur la surface de miroirs paraboliques pour
le Théâtre de la pleine lune, fin des années 1980

Le Théâtre de la pleine lune fonctionne, comme son nom l'indique, avec la pleine lune pour seul éclairage. Peter Rice va créer un dispositif technique spécifique pour capter cette lumière.

« Le Théâtre de la plcine lune est un projet avec le minimum d'intervention. Mythe, fantasme et réalité s'y combinent sous la présence forte et rituelle de la lune elle-même. […] Mon rôle au Centre de Gourgoubès est d'étudier et de rendre possible le Théâtre de la pleine lune: un amphithéâtre naturel, entièrement éclairé par la lumière lunaire. La lumière de la lune, même quand c'est la pleine lune, est très faible et demande à être amplifiée pour qu'une expérience théâtrale puisse avoir lieu. Ces conditions placent l'ingénieur dans un rôle contraire à celui qu'il joue habituellement. […] Le projet doit rester naturel, en harmonie avec le lieu et ses vibrations spirituelles. Certaines interventions techniques sont nécessaires – la technologie du miroir en est un exemple – mais elles doivent être aussi discrètes que possible. »

Peter Rice, *An Engineer Imagines*, Londres, Ellipsis Press, 1994, p. 149-150.

Collection particulière

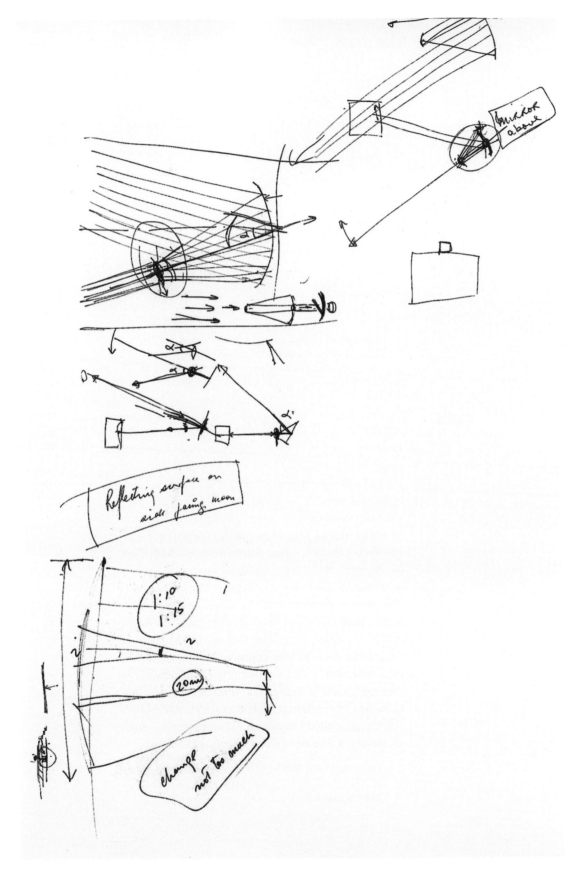

mirror above

Reflecting surface on side facing moon

1:10
1:15

20m

change not too much

Hugh E. Strickland, ornithologue (1811-1853)
Part of the Chart of the Natural Affinities of the Class of Birds, 1843

La *Carte des affinités entre familles d'oiseaux* propose une nouvelle disposition des espèces réparties
selon des hasards géographiques.
« Et de même que nous montrons la forme d'un arbre
en l'esquissant sur une feuille de papier ou en dessinant ses branches individuelles et ses feuilles, de
même le système de la nature pourrait être peint sur
une carte. »

Hugh E. Strickland, « On the True method of discovering
the natural system in zoology and botany », *Annals and
Magazine of Natural History*, 6, 1840, p. 186.

Ernst Mayr Library of the Museum of Comparative Zoology,
Harvard University, Cambridge

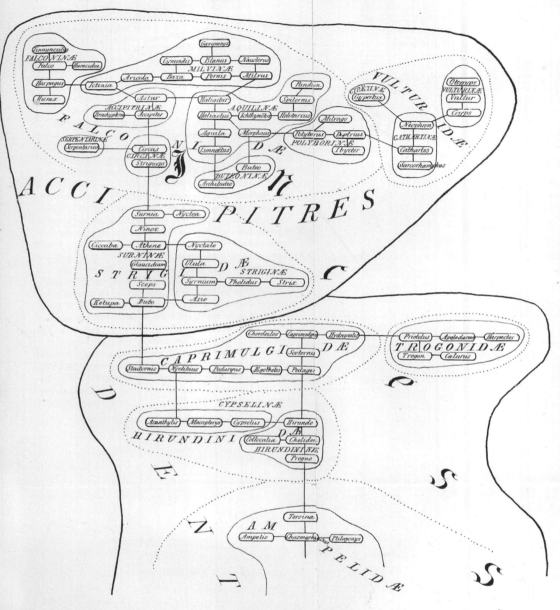

Part of the Chart of the Natural Affinities of the Class of Birds.
1843.

C.D.M.S. lithe

W. West Imp.

Alfred Dreyfus, officier de l'armée française
(1859-1935)
Sans titre, 1895

En 1895, Alfred Dreyfus fut incarcéré durant un
mois, dans des conditions terribles, dans le quartier
pénitentiaire de l'île Royale, avant son transfert à l'île
du Diable. Dans un cahier non restitué et retrouvé en
1938 aux archives de l'Administration pénitentiaire,
se mêlent brouillons de lettres et croquis.

Archives nationales d'Outremer, Aix-en-Provence

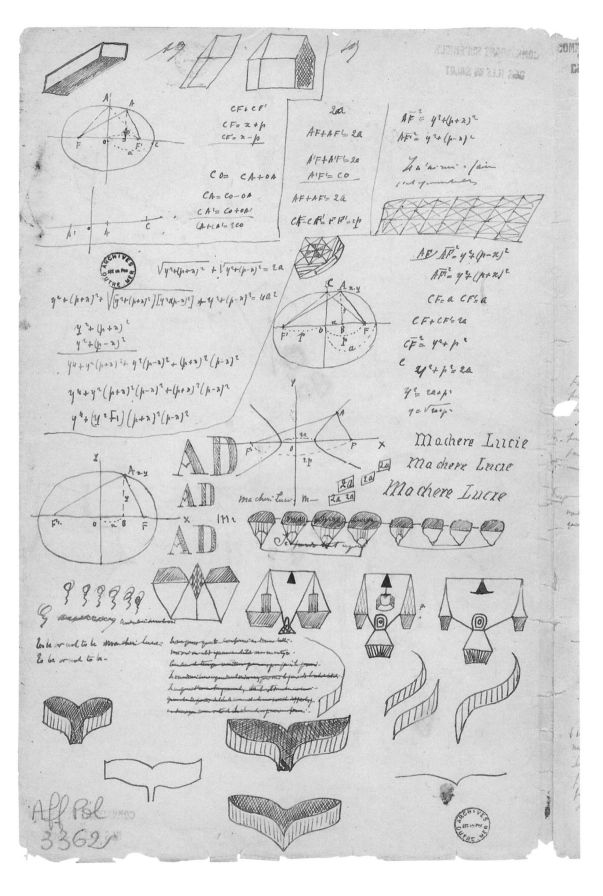

Johann Wolfgang von Goethe,
poète et romancier (1749-1832)
Farbenkreis zur Symbolisierung des menschlichen
Geistes – und Seelenlebens, 1809
(Cercle des couleurs, en symbolisation de l'esprit
humain – et de la vie de l'âme)

Johann Wolfgang von Goethe travaille pendant plusieurs décennies à son *Traité des couleurs* et trace au
mitan de cette étude *Le Cercle des couleurs*. « Il ne
vient à l'esprit de personne de commenter des expé-
riences de chimie à l'aide de figures ; pour celles de la
physique, qui leur sont proches parentes, on a cependant coutume de le faire parce que cela permet de pré-
ciser tel ou tel point. Mais, très souvent, ces figures
ne représentent que des concepts ; ce sont des moyens
de fortune symboliques, des modes de transmission
hiéroglyphiques qui peu à peu prennent la place du
phénomène et de la nature, et entravent la véritable
connaissance au lieu de la favoriser.
« Nous non plus n'avons pu nous passer des planches ;
mais nous avons cherché à les présenter de façon à
ce que l'on puisse tranquillement s'en servir pour
l'enseignement et pour la polémique, et même à ce
que certaines d'entre elles puissent être considérées
comme une partie du dispositif nécessaire. »

Johann Wolfgang von Goethe, [Avant-propos],
in *Traité des couleurs*, Paris, Triades, 1973, p. 77.

Freies Deutsches Hochstift / Frankfurter Goethe-Museum,
Francfort

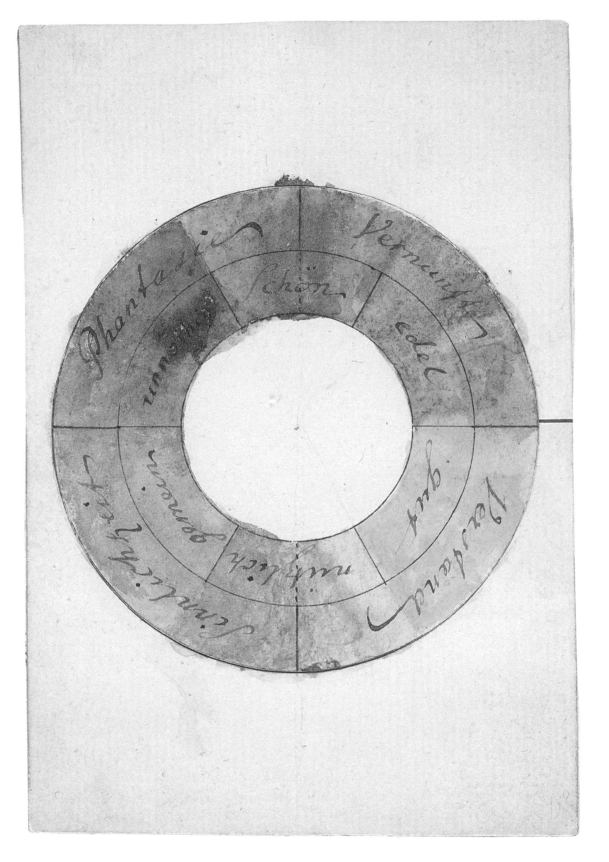

Éloge de l'imagination graphique

Jean Lauxerois

Une longue tradition nous a accoutumés à séparer la pensée, l'image et l'écriture, en valorisant la première aux dépens des deux autres, souvent reléguées au rang de simples outils et de supports matériels. La belle intuition de Marie-Haude Caraës et de Nicole Marchand-Zanartu, confortée par la richesse des documents collectés, sélectionnés et ici rassemblés, vient ruiner nos représentations habituelles, si confortablement simplificatrices. Réunis sous le nom d'*images de pensée*, ces merveilleux témoignages de l'activité imaginante et graphique de l'esprit sont une poétique machine de guerre contre la primauté accordée à l'intellect pur.

« Image de pensée » traduit littéralement le terme allemand *Denkbild*, sans doute créé par Stefan George. Un poème de *L'Année de l'âme* (1897) évoque le Voyant, « implorant que de l'effort du cœur irrésolu / L'image de pensée puisse se lever vers le soleil ». Walter Benjamin emprunte le terme pour cristalliser sa théorie de l'image dialectique : l'image de pensée devient pour lui une fulgurance, naissant du télescopage de l'autrefois et du maintenant, qu'elle réarticule pour faire apparaître un nouveau visage du temps. Toutefois, dans leur multiplicité foisonnante, les images de pensée ici présentées outrepassent très largement le sens de leurs occurrences initiales. Anciennes ou contemporaines, célèbres ou anonymes, touchant à la philosophie, à l'anthropologie, à la théologie, à la science, à la politique, à la littérature, comme encore à l'histoire de l'art et à l'architecture, elles constituent même un vertigineux labyrinthe. Est-il alors possible ou souhaitable d'ordonner sous la seule notion d'image de pensée la déroutante variété du lexique qui apparaît dans les textes dont les auteurs ou leurs commentateurs accompagnent les figures ? Figure, schème, schéma, dessin, dessin préparatoire, esquisse, croquis, tracé, griffonnage, gribouillage, hiéroglyphe, diagramme, organigramme, carte, cartographie, généalogie, arbre, arborescence, dispositif, combinatoire, projet, projection, allégorie, vision, illumination, utopie, scène, archétype, paradigme, modèle, matrice, idéalité… : l'image de pensée est tout cela à la fois.

Mais, sans prétendre nullement réduire les phénomènes à l'unité illusoire d'un concept, le terme d'« image de pensée », dans son indétermination même, a le mérite précieux de rendre attentif au rôle décisif de l'*imagination* dans la fabrique de la pensée. Esquissées ou systématiques, ne répondant à aucune forme préétablie, mobilisant à la fois le trait du dessin, celui de l'écriture et parfois la couleur, ces images de pensée nous révèlent la pulsation de l'imagination pensante, dont elles sont les surprenantes sismographies.

Longtemps déshéritée et disqualifiée par la philosophie classique, l'imagination s'est vue tardivement réhabilitée. Il aura notamment fallu attendre Heidegger et son livre sur Kant pour que la philosophie prenne acte de l'importance décisive de l'imagination dans l'activité de la pensée. En mesurant l'étonnant écart qui sépare les deux versions de la *Critique de la raison pure*, Heidegger montre à la fois quelle révolution Kant avait d'abord accomplie en plaçant l'imagination et son « schématisme » au cœur du fonctionnement de la raison, et comment il a finalement reculé devant sa propre audace, en restituant à l'intellect le gouvernement de la connaissance.

Pourtant, le branle avait été donné et la voie ouverte à la restauration de la grandeur de l'imagination : Coleridge puis Baudelaire furent les premiers à construire la théorie poétique de cette « reine des facultés » *(Salon de 1859)*, avant que le XXᵉ siècle ne prenne le relais, non parfois sans méprises. Sans être pleinement acquise ou comprise aujourd'hui encore, l'idée fait peu à peu son chemin que l'imagination créatrice n'est pas seulement *un* mode original, mais *le* mode originaire de la pensée.

Mieux même qu'une faculté, l'imagination est *la* dimension à laquelle la pensée doit nécessairement s'ouvrir comme à sa source, pour se construire à partir de l'image qui la mobilise. Cette dimension primordiale, à laquelle puisent l'illumination, la vision, la prophétie, l'icône, la création, nommons-la, en reprenant le terme à Henri Corbin, le plan de l'*imaginal*. C'est ce plan qui enracine tous les modes de notre vie imaginative et de notre onirisme foncier, où prévalent, dans toute leur précision et toute leur rigueur, le rêve éveillé, la rêverie, « la rêvasserie » (Montaigne), le demi-sommeil, la vision, l'hallucination et, bien sûr, l'invention, dont l'image de pensée est souvent la cristallisation inaugurale. Mode originaire de notre être au monde, l'image est ainsi au cœur de la pensée, qui est donc moins intellectuelle et « idéique » qu'elle n'est initialement « poïétique ».

Ainsi, pas d'idée sans schème, pas d'idée sans image. Il y va là de la nature essentiellement *technique* de toute activité humaine. Simondon, soulignant la valeur décisive des signes, des schémas et des diagrammes, défend l'idée du « schématisme de la connaissance technologique » : ce schématisme est un opérateur primordial dans la manière dont se construit le rapport technique entre l'homme et le monde. L'image de pensée peut être ainsi le premier jaillissement graphique d'un futur objet technique – telle ici la montgolfière –, mais, au-delà, toute image de pensée atteste la puissance inaugurale du schématisme technique dans l'imagination des hommes. Cette idée répond à la fulgurante intuition d'André Leroi-Gourhan, qui, refusant la théorie cérébrale de l'évolution, choisit de construire l'humanisation sur la manière dont le pied puis la main ont libéré le champ antérieur de l'exploration spatiale et de l'anticipation temporelle. Avoir les mains libres (fût-ce en détention !) est ainsi, à la lettre, le moment générateur de la pensée graphique, et même de toute création mythographique, ajouterait Leroi-Gourhan. Les documents réunis témoignent de la forte présence de « la main de la pensée », au cœur de la rationalité la plus avancée. L'image de pensée n'est donc pas un simple support mental, ni une simple trace provisoire de l'activité intellectuelle, ni non plus une représentation, puisqu'elle se situe au moment où la représentation cède précisément le pas devant ce qui l'excède.

Elle est bien le *trait* du schématisme complexe de l'imagination concrète au travail, et donc un mode majeur de l'avènement de la pensée, dont elle concrétise la vie figurale.

Si la pensée se déploie toujours en une « figure », selon le mot de Goethe dans l'avant-propos du *Traité des couleurs*, cette figure est toujours d'autant plus énigmatique qu'elle s'invente *ex nihilo*. Du coup, elle appelle inéluctablement le commentaire, souvent proposé par l'auteur lui-même, qui peut aussi, parfois, donner une clé de lecture dans la figure même. Quoi qu'il en soit, l'image de pensée est toujours aussi scripturaire que figurale et graphique.

En amont, elle côtoie la vision originaire, créant par déchirure, fulgurance, anticipation, une manière d'interruption du temps et de discontinuité. Cette dimension visionnaire peut expliquer un trait parfois tremblé, hésitant, voire griffonné, que l'on trouve ici ou là, comme dans le diagramme darwinien de l'évolution ou dans le schéma que Ricœur donne de la perception et de l'activité du jugement. En aval, l'image d'une pensée plus assurée peut devenir la mise en espace d'un concept très défini : la pensée du jeu du monde, chez Axelos, se construit rigoureusement comme une « systématique ouverte ». La même précision, quasi mathématique, se retrouve dans telle configuration utopique, et surtout dans l'« organigramme » d'œuvres en devenir (Xenakis, Perec, Simon, Cunningham). L'image de pensée est alors matrice autant que motrice, liée au développement potentiel de l'œuvre en cours (*Les Demeures* d'Etienne Martin, les schémas de Hirschhorn). A sa plénitude, au plus près du « schème » originaire, l'image de pensée est ce que Louis Kahn nomme une « idéalité formelle ».

Toute image de pensée est neuve parce qu'elle configure de manière inédite l'espace et le temps, qu'elle réarticule toujours de façon singulière, jusqu'à prétendre parfois rivaliser avec la totalité. En déployant « le jeu du monde », compris comme jeu du temps passé, présent et à venir, en chacun de ses instants, Axelos cherche le schème de l'om-nitemporalité; Belyj développe l'espace menant du point à la spirale, comme figure possible de l'infini, du temps et de la création.

La pensée peut choisir de privilégier l'une des dimensions du temps: le futur, si elle est liée à l'utopie; le présent, comme De Jonckheere, qui configure le simultané en dessinant l'émergence de la multitude des réseaux croisés qui constituent « nos existences »; le passé, enfin, lorsque la figure devient généalogie, celle des Inuits étudiés par Malaurie, celle de l'évolution des espèces selon Agassiz, ou celle des histoires de l'art tra-cées par Barr et par Marinetti. Dans son rapport avec la mémoire, l'image de pensée devient émouvante et féconde: au moment d'être libéré du camp d'Auschwitz, Geve, à quinze ans, choisit de dessiner à l'intention de son père les divers aspects de la vie concentrationnaire. Czapski, pri-sonnier au camp de Griazowietz (1940-1941), veut, de mémoire, restituer l'entreprise de la *Recherche du temps perdu* pour trouver la voie d'une résistance intérieure, en l'expliquant aux officiers polonais qui partagent sa détention. La mémoire graphique de l'œuvre redouble l'effort de la *Recherche*: à « l'immense édifice du souvenir » proustien répondent les arborescences colorées et picturales de Czapski se réappropriant l'espace-temps du roman. L'image de pensée pourrait-elle même à son tour, selon le mot de Proust, rendre « la mort indifférente » ?

La spatialisation s'effectue selon quelques figures dominantes: la carte (Malaurie, Strickland), le cercle (Benjamin, Axelos, Klee, Goethe, Klucis), l'arbre (la connaissance selon la Kabbale). Elle peut corres-pondre à une topologie concrète (l'atelier de Kentridge, la maison d'Etienne Martin) ou à une topologie sans lieu, comme dans le cas d'une utopie à venir, ou dans celui du schéma sexuel de Freud: la spatialité y a valeur d'invention et d'explication, parce que ce schéma ne relève pas de la tradition du dessin anatomique; conceptuel et dynamique, il répond à la découverte de la dimension psychique. L'image de pensée est donc inventive, comme lorsqu'elle permet le déploiement ultérieur des structures narratives (Simon, Perec, Nabokov), celui de la théorie de la couleur (Goethe et Itten), ou encore celui de la structure encyclopédique de toute la culture humaine (Otlet).

De spatialité singulière et close, ces schémas n'en sont pas moins investis de la force potentielle de la réalité. L'image de pensée n'est pas pure fiction. L'imagination n'est pas l'imaginaire, mais *épreuve de réalité*. Même l'organigramme du parti fasciste imaginaire, inventé par Pavel Florenski pour satisfaire ses geôliers, est puissamment traversé par la réalité de la terreur moderne. Cette réalité affleure dans les schémas de Lombardi décryptant le monde des mafias, de Klee dessinant une nouvelle structure pédagogique du Bauhaus, de Langlois imaginant sa cinémathèque, de Rekacewicz concevant ses esquisses de la *Carte de la stratégie de la pauvreté* comme une « véritable mise en scène graphique du fonctionnement du monde ». L'image de pensée n'est pas le produit d'une imagination « hors du monde », selon la malheureuse formule de Sartre. Elle engage une réalité de l'irréel, dans un monde qu'il s'agit d'habiter. La réalité qui s'y forme est ce que Proust appelle si bien une « réalité à mi-hauteur », située entre réalité et irréalité. L'image de pensée est analogue au temps proustien, défini comme « réel sans être actuel, idéal sans être abstrait ».

La réalité y est modélisée, réélaborée, anticipée, et surtout miniaturisée. Ces images de pensée sont des microgrammes, selon le mot de Robert Walser, articulant le monde du dehors et l'espace du dedans – tel le parcours d'atelier de Kentridge. L'imagination graphique n'est pas grandiloquente : la miniature lui convient. Ainsi le « griffonnage » de Zanzotto, qui, dit-il, implique « des traces de réalité "forte", d'autant plus insistantes qu'ensevelies dans un pauvre fait visuel, une misère, un rien… ».

Pour autant, cette réalité en imagination ne laisse pas d'apparaître problématique, à l'instar de ces cartographies circulaires dont le centre est le point aveugle (comme chez Klucis). A propos de la *Rose des vents du succès*, Benjamin précise : « Il ne reste qu'à déterminer son centre », lequel se situe précisément au lieu de l'impensable puisqu'il coïncide avec « la conviction » de Don Quichotte. La rationalisation de la couleur conçue par Itten est hantée par une absence : « Les chemins, écrit-il, ne conduisent nulle part, ou mènent dans les abîmes, les hauteurs ou les profondeurs, sans chute ni ascension. » Souvent, d'ailleurs, ces images de pensée paraissent en délicatesse avec leurs bords et leurs limites spatiales : elles seraient emblématiques de cette modernité qui affleure dans le propos de Cézanne devant telle de ses toiles : « Mais où est le centre ? »

L'image de pensée serait ainsi une *psychographie* de la modernité, qui répondrait à l'absence du mythe. Dans *Dieu d'eau*, Griaule traduit en schème rationnel la pensée mythologique racontée par Ogotemmêli : le mythe dogon du rapport entre l'homme et les dieux révèle, en creux, combien nous sommes séparés d'un tel monde et combien nos schèmes, privés de toute référence et d'espace mythique, apparaissent excessivement visuels. L'image de pensée ne serait-elle pas une manière de « machine célibataire », pour reprendre la belle formule de Michel Carrouges ? La connivence est profonde entre technique moderne, mythe archaïque et imaginaire mythographique moderne. Comme la montgolfière – dont Carrouges fait précisément l'événement premier de sa généalogie des machines célibataires –, l'image de pensée entre dans le merveilleux mécanique de la modernité, accordant privilège à la machinerie mentale et à l'angoisse, dans des figures où l'humanité se branche sur l'artifice. Tel est le cas du corps vu par Katharina, et du graphe de Valéry évoquant « une certaine division de [s]on être », fait de « pièces qui peuvent entrer dans bien des mécanismes ». Au demeurant, et comme le dit Carrouges de la machine célibataire, l'image de pensée est aussi un « exercice optique », où la solitude de l'esprit moderne crée ses constellations et ses réseaux d'images pour esquisser un monde commun – mais purement mental.

L'image de pensée est donc aussi une expérience limite, qui touche à la limite de la pensée même. Les figures sont bien souvent « des moyens de fortune », même si elles sont « une partie du dispositif nécessaire » (Goethe). Dans une page de *La Vie sexuelle*, Freud dit vouloir « remédier par un graphisme » à la déficience de la pensée devant l'impénétrable, parce qu'il est à la limite de ce qu'il peut penser. Mais n'est-ce pas, de manière exemplaire, le cas de Descartes et de son célèbre diagramme tiré du *Traité de l'Homme* ? La figure s'impose, faute de mieux, là où la pensée achoppe, sur la question philosophiquement abyssale de l'union de l'âme et du corps, dont l'énigme travaille encore le schéma sexuel de Freud à propos de la mélancolie. Ici, la pensée voit, mais ne conçoit plus. D'où la tension particulière qui habite ces schémas : clos, affrontant une manière d'impasse, ils apparaissent souvent comme un arrêt, comme une rupture dans le bouillonnement de la pensée, mais sans issue dialectique – sans antériorité et sans postériorité, ils semblent dénués de toute temporalité. Dans l'expérience de cette limite, l'image de pensée devient comme une sismographie de la *finitude*. De là l'impression fréquente qu'elle est conquise sur un chaos, où elle peut toujours replonger. Sa plénitude apparaît toujours provisoire, partielle, précaire.

Une telle finitude l'apparente à l'*allégorie*. Benjamin, pour la distinguer du symbole, dit fort bien que « l'allégorie est une écriture » : elle n'est donc pas une image pleine et accuse constamment l'abîme qui sépare l'image et sa signification. Telle est aussi l'image de pensée, parente alors du hiéroglyphe, dont la Renaissance fit précisément l'un des paradigmes de l'allégorie. L'écart entre l'image et sa signification donne à l'allégorie sa dimension mélancolique, et se marque dans le recours à l'écriture, qui s'inscrit sur les phylactères et se développe dans l'appareil des commentaires. Image, écriture, graphie, dessin, pensée se disjoignent ainsi mélancoliquement en autant d'écarts et de dissemblances. Jusqu'à constituer un labyrinthe, autre figure allégorique, qui signe le tracé des réseaux imaginé par De Jonckheere.

Ce principe allégorique rapproche enfin l'image de pensée et l'idée renaissante du théâtre de mémoire : là comme ici, il s'agit d'organiser et de dominer la totalité du savoir et du monde (Otlet et son Mundaneum,

Theodor Nelson et son hypertexte). Mais l'horizon de tout dispositif de mémoire artificielle demeure déceptif : c'est un rêve allégorique et mélancolique, auquel toujours la totalité se dérobe. Comme Cache le montre à propos de Vitruve, le modèle architectural, qui fonctionne comme théâtre de mémoire de l'architecture et du savoir à la fois, s'effondre aussi, paradoxalement, dans l'hypothèse de la ruine matérielle de toute encyclopédie possible.

L'image de pensée n'est donc pas toute l'imagination créatrice. De l'une à l'autre, il y a toute la distance qui sépare le schème du symbole. L'imagination à l'œuvre est toujours métamorphose et construction symbolique ; l'image de pensée, elle, toujours guettée par l'allégorie et sa glose infinie, peut aussi, comme totalité close, entrer dans l'ombre portée de l'intellect, et courir ainsi le risque de perdre sa puissance de réalité en devenant monde mental.

Mais l'image de pensée demeure toujours productive. Non seulement parce qu'elle témoigne de la vie secrète des hommes, nourrie par la liberté graphique de l'imagination jusque dans les pires conditions de leur existence, mais aussi parce qu'elle garde trace de l'appel possible de l'œuvre à naître : les diagrammes combinatoires de *La Route des Flandres*, de *La Vie mode d'emploi*, des *Demeures* d'Etienne Martin, de *Suite by Chance* de Cunningham vibrent rétrospectivement des œuvres auxquelles ils ont donné lieu, et laissent mesurer le travail accompli pour que l'œuvre devienne incarnation. Alors, oui, certes, nous n'avons pas toujours assez de volonté ou de génie pour qu'une œuvre sache donner corps à l'image de pensée, mais celle-ci n'en garde pas moins la force de l'illumination, initiale ou tardive. Elle est comme un amer dans l'infini de l'imagination et de la mémoire. Elle est « de la pensée accrochant la pensée et tirant » (Rimbaud). Elle est du rêve pour le rêve. Elle a le charme de l'inachevé – et la grâce du commencement.

Index

Sauf mention contraire, les citations en langue étrangère ont été traduites par les auteurs.

Un grand merci à tous ceux qui nous ont accompagnées sur le chemin
des *Images de pensée* :
à ceux de la première heure : Cyril Afsa, Simone Christ, Anne-Sabine Henriau,
Françoise Hugont, Pierre Leguillon, Stéphane et Solal Vallet de Villeneuve ;
à ceux qui nous ont généreusement aidées dans les traductions : Danièle Goldstein,
Jean Lauxerois, Christian Tual ;
aux éclaireurs : Marie-Alexandra Alyanakian, Jean-Paul Allouche, Isabelle Aubert-Baudron,
Saverio Campanini, Philippe Di Meo, Serge Milan, David Munford, Sébastien Petitbon,
Valérie Pozner, Professeur Michel Vekemans ;
aux messagers : Blandine Favier, Laurent Fromme, Marie-Thérèse Jouvinroux,
Anne MacIlleron, Elisabeth Pujol, Hector Zenil.

Nous remercions également Laurent Hericher, Clément Pieyre, Adèle Sini,
Marie-Geneviève Guesdon à la Bibliothèque nationale de France, département
des Manuscrits ;
Estelle Gaudry à la Bibliothèque des Lettres et des Manuscrits ;
l'Association Perec et Madame Ela Bienenfeld ;
l'Institut des textes et des manuscrits (ITEM) ;
Valdo Kneubuhler de l'Espace chercheurs de la Cinémathèque française ;
la Bibliothèque publique d'information, Centre Georges-Pompidou,

ainsi que les Editions Christian Bourgois, et tout particulièrement
Dominique Bourgois,
et Pascaline Bressan aux Editions Robert-Laffont.

Toute notre reconnaissance va à Olivier Corpet, qui nous guida
vers la Réunion des musées nationaux,
et à l'équipe de la RMN, particulièrement Henri Bovet pour nous avoir éclairées sur
notre travail, Laurence Posselle pour avoir suivi le projet avec patience et conviction,
Valérie Gautier pour la mise en page, Elise Vanhaecke pour sa belle persévérance dans
la collecte des images, et Basile Mignonneau pour la chasse aux légendes.

Crédits photographiques

Aix-en-Provence, Archives nationales d'Outre-Mer : p. 110.
Berlin, Bauhaus-Archiv, photo Marky Hawlik : p. 96.
Berlin, Hamburger Stiftung zur Förderung von Wissenschaft und Kultur : p. 82.
Cambridge, Cambridge University Library : p. 30 – Collections of the Ernst Mayr Library, Museum of Comparative Zoology, Harvard University : p. 94, 108.
Dornach, Rudolf Steiner Archiv : p. 39.
Forth Worth, Institute of General Semantics : p. 64.
Francfort, Freies Deutsches Hochstift / Frankfurter Goethe – Museum : p. 112.
Issoudun, ADAGP, Musée de l'Hospice Saint-Roch, photo Jean Bernard : p. 37.
Jérusalem, Collection of the Yad Vashem Art Museum : p. 79.
Lausanne, Collection de l'Art Brut, photo Claude Bornand : p. 102.
Londres, ADAGP, Tate, 2010 : p. 66.
Londres, Courtesy Thomas Hirchhorn and Stephen Friedman Gallery : p. 42.
Lyon, Bibliothèque municipale : p. 60.
Mons, Collection Mundaneum : p. 84.
Moscou, Russian State Library : p. 92.
Nanterre-La Défense, Fonds Marcel-Griaule, Bibliothèque Eric-de-Dampierre, MAE, Université de Paris Ouest Nanterre-La Défense : p. 21.
New Haven, Beinecke Rare Book and Manuscript Library, Yale University Library : p. 70.
New York, Digital Image, The Museum of Modern Art, New York / Scala, Florence, 2010 : p. 26, 86.
New York Public Library : p. 104.
Paris, Bibliothèque de l'Arsenal - Fonds Perec : p. 48.
Paris, Bibliothèque littéraire Jacques Doucet, photo Suzanne Nagy : p. 44.
Paris, Bibliothèque nationale de France : p. 24, 40, 54, 73, 100.
Paris, Cinémathèque française : p. 34, 88.
Paris, Collection Privée / Musée des lettres et manuscrits : p. 28.
Paris, Editions Robert-Laffont : p. 36.
Paris, Fonds Ricoeur - Institut protestant de théologie : p. 90.
Philadelphie, Louis I. Kahn Collection, The University of Pennsylvania and the Pennsylvania Historical and Museum Commission : p. 77.
Saint-Pétersbourg, Museum of Dmitry Mendeleev of Saint Petersbourg State University : p. 20.
Saint-Pétersbourg, Archives RGALI : p. 58.
Stavanger, Mission Archives, School of Mission and Theology, Stavanger, Norway. Collection A-1060 Norwegian Mission Society - Madagascar : p. 98.
Thessalonique, Greek State Museum of Contemporary Art - Costakis Collection : p. 38.
Vienne, ADAGP, Hundertwasser Archive : p. 78.
Washington, Library of Congress : p. 18.
Zürich, ADAGP, Pro Litteris : p. 22.
Zürich, Fischli and Weiss. Courtesy Galerie Eva Presenhuber : p. 62.

Andrea Zanzotto, tous droits réservés : p. 72.
Cédric Villani : p. 74.
Courtesy William Kentridge, photo John Hodgkiss : p. 27.
Editions Noir sur Blanc, droits réservés : p. 32.
François Doury : p. 46, 50, 63, 68, 80.
Merce Cunningham Dance Foundation Archives : p. 76.
Philippe De Jonckheere : p. 53.
Philippe Rekacewicz, 2007 : p. 31
Stephen Wolfram, 2010, LLC and Wolfram Research, Inc : p. 41.

Tous droits réservés pour les illustrations non citées dans cette liste.

Publication de la Réunion des musées nationaux

Directeur des Editions
Henri Bovet

Chef du département du Livre
Marie-Dominique de Teneuille

Coordination éditoriale
Laurence Posselle

Direction artistique et mise en page
Valérie Gautier

Relecture des textes
Anne Chapoutot

Iconographie
Elise Vanhaecke

Assistant éditorial
Basile Mignonneau

Fabrication
Isabelle Loric

Les textes ont été composés en Times et Nimbus sans NovusT

Les illustrations ont été gravées par IGS à L'Isle d'Espagnac.

Cet ouvrage a été achevé d'imprimer en janvier 2011
sur les presses de l'imprimerie Ingoprint à Barcelone, Espagne.

Dépôt légal : janvier 2011